# La Guía Ultima Para Entrenar A Su Propio Perro De Servicio

*Guía Paso A Paso Para Tener Un Perro De Servicio Extraordinario*

**Max Matthews**

© **Copyright 2022 por Max Matthews** – Todos los derechos reservados.

El siguiente libro ha sido producido con la finalidad de proporcionar información lo más precisa y confiable posible. El comprar este libro puede ser visto como consentimiento al hecho de que ambos, el publicador y el autor de este libro, no son de ninguna manera expertos en los temas que se discuten dentro de este y que cualquier recomendación o sugerencias que se hayan hecho aquí son con el único propósito de entretener. Deberá consultar a profesionales cuando sea necesario antes de emprender cualquiera de las acciones aquí mencionadas.

Esta declaración se considera justa y válida tanto por la Asociación de Abogados de Estados Unidos como por el Comité de la Asociación de Editores y se tiene que cumplir legalmente en todo Estados Unidos.

Además, la transmisión, duplicación o reproducción de algo del siguiente trabajo, incluyendo información específica, será considerado un acto ilegal independientemente de si se realiza de forma electrónica o impresa. Esto se extiende a la creación de una segunda o tercera copia del trabajo o una copia grabada y solo se permite con el consentimiento expreso por escrito del editor. Todos los derechos adicionales reservados.

La información contenida en las páginas siguientes se considera en términos generales una serie de hechos verídicos y precisos, y como tal, cualquier falta de atención, uso o uso indebido de la información en cuestión por parte del lector hará que las acciones resultantes sean únicamente de su competencia. No hay escenarios en los que el editor o el autor original de este trabajo puedan ser considerados responsables de cualquier dificultad o daño que pueda ocurrir después de realizar la información aquí descrita.

Adicionalmente, la información contenida en las siguientes paginas está destinada únicamente a fines informativos, y por lo tanto, debe considerarse como universal. Como corresponde a su naturaleza, se presenta sin garantía en cuanto a su validez prolongada o calidad provisional. Las marcas comerciales que se mencionan se realizan sin el consentimiento por escrito y de ninguna manera pueden considerarse un respaldo del titular de la marca

# Índice

**INTRODUCCIÓN** ............................................................................. 1

Capítulo 1

Leyes Y Pruebas Para Perros De Servicio ................................. 4

Capítulo 2

Selección ..................................................................................... 23

Capítulo 3

Reglas de la Casa ....................................................................... 58

CAPITULO 4

Compromiso con el Entrenamiento ......................................... 73

**Capítulo 5**

**Obediencia** ............................................................................. 94

**CAPITULO 6**

**Entrenamiento en neutralidad, desensibilización y preparación pública.** ........................................ 134

**Capítulo 7**

**CONCLUSIÓN** ........................................................................ 221

# INTRODUCCIÓN

Felicidades por tu primer paso para entrenar a tu propio perro de servicio! Este emocionante trayecto que estas a punto de coenzar va a guiarte fácilmente a través de lo más básico hasta lo más complicado de seleccionar y entrenar a un perro de servicio. Ya sea que estés lidiando con un trauma emocional o alguna discapacidad física, me gustaría que pienses en este libro como un libro de autoayuda. Al entrenar a tu perro no solo se creará un vínculo inseparable entre tú y tu mascota, también te permitirá alcanzar pequeñas metas que beneficiarán a ambos. Sin mencionar que te dará un elemento en tu vida que podrás controlar.

En este libro, te guiare a través de todo el proceso – desde escoger a tu perro de servicio, enseñarle las habilidades básicas, lograr una obediencia confiable, prepararte para el ADI Prueba de Acceso Público, hasta enseñarle a tu perro increíbles y útiles tareas. En este libro se incluye una gran variedad de tareas y habilidades que tu perro puede aprender para diferentes tipos de discapacidades.

Sé que estarás pensando "¿Cuánto tiempo tomará esto?" Bueno, la verdad es que esto depende de ti y ¡tu mascota! Tu perro tiene la capacidad mental de un niño de tres o cuatro años. Además, cada perro es único y aprenden de diferentes maneras. Esto significa que el tiempo que le tome a tu perro aprender una cierta tarea o habilidad dependerá de su madurez y capacidad para seguir órdenes. Ya sea que tu perro sea un aprendiz rápido o no, necesitarás tener paciencia. Esta es la llave para ser exitoso durante todo el proceso de entrenamiento. Este libro te proporciona los consejos para solucionar los problemas de tu perro si tiene dificultades para seguir una orden. Esto te ayudará a hacer más suave la progresión del entrenamiento.

Adicionalmente, este libro te dará una comprensión más profunda de la etiqueta y las leyes acerca de los perros de servicio, la terminología de entrenamiento profesional y las herramientas físicas y mentales que necesitarás para tener éxito en este esfuerzo. He dividido el libro en etapas de progresión. Es muy importante no saltarse los pasos del proceso y construir una base sólida sobre la cual formar a tu perro de servicio. ¡Por favor disfrútalo!

# Capítulo 1
*Leyes Y Pruebas Para Perros De Servicio*

Primero y sobre todo, cualquier dueño o entrenador responsable deberá tener un buen conocimiento de las legalidades respecto a la comunidad de perros de servicio. En este capítulo cubriremos lo que se espera de ti, tu acompañante y del público en general a partir de ahora.

Bajo la Ley de Estadounidenses con Discapacidades (ADA), un perro de servicio es definido como "un perro que ha sido individualmente entrenado para trabajar o realizar tareas para un individuo con una discapacidad". Las discapacidades incluyen pero no están limitadas a: problemas de movilidad, problemas sensoriales, diabetes, esclerosis múltiple, autismo, epilepsia, y desorden de estrés post traumático (PTSD), por nombrar algunas. Si tu discapacidad no está en la lista, aún eres eligible para tener un perro de servicio si eres incapaz de realizar una función considerada normal/fácil para la mayoría de las personas sin el uso de un perro de servicio. Funciones tales como comer, recordar, ver, escuchar y sostenerte son algunos ejemplos.

Como lo dice la ADA, a pesar de las leyes del edificio de tu departamento o la propiedad que rentes, tienes el derecho de vivir con tu perro de servicio. Esto además te exime de cualquier tarifa de depósito por mascota ya que se les considera como una parte esencial de tu calidad de vida y no como una mascota. Lo mismo aplica para hoteles; ellos no pueden cobrarte un depósito por mascota. Los únicos dos lugares en los que no se permiten perros de servicio (debido a códigos de salud) es la sala de operaciones de un hospital y la cocina de un restaurant donde se preparan alimentos.

Después, en este libro discutiremos cómo se deberá comportar tu perro en público, pero ¿qué hay de la gente? Cuando salgas en público, hay algunas cosas que debes recordar. Primero, no todo el mundo aceptará perros en lugares como comunes como restaurantes, bibliotecas u hospitales. Segundo, sin importar qué tan molestos estén, hay cosas que ellos no pueden hacer, por ejemplo: pedir que te vayas, preguntar cuál es tu discapacidad y pedir pruebas de tu discapacidad o el certificado de tu perro de servicio. Puedes evitar algunas de estas preguntas (que quizás sean preguntadas de todas formas) colocando un chaleco con la etiqueta de perro de servicio y/o una identificación en el chaleco o collar de tu perro. Como sea, el dueño del negocio o cualquier persona puede preguntarte cuales son las tareas que tu perro realiza por ti. Por ejemplo, si tu perro actúa como una barrera entre tú y las personas detrás de ti (muchas veces para veteranos a quienes les provoca ansiedad estar en línea con alguien parado muy cerca detrás de ellos), quizás tengas que decirles la acción que tu perro realiza pero no tienes que explicar el por qué.

Otro ejemplo es si tu perro de servicio está entrenado para recordarte que tomes tu medicación a cierta hora, quizás tengas que explicar la tarea pero no tienes que decir qué medicamento es o para qué lo tomas.

Volar con tu perro de servicio es importante, especialmente porque uno de los servicios que tu perro puede proporcionarte es apoyo emocional durante un vuelo. Por fortuna, la ley ADA te da el derecho de llevarlo en el avión a tu lado sin tener que pagar ningún cargo por él. Por favor recuerda que solo está permitido llevar un perro de servicio por vuelo a la vez. Además podrás abordar primero, como cualquier persona con silla de ruedas lo hace. A continuación te proporciono algunas aerolíneas y sus lineamientos a seguir.

## Alaska Air:

- Sin cargo.
- Una indicación visible, como en el chaleco o el collar.
- Se requiere una garantía verbal de que la tarea que su perro realiza es requerida si el personal de la aerolínea realiza una consulta.

- Los perros de servicio con los arneses adecuados pueden sentarse a los pies de la persona, excepto si son demasiado grandes y obstruyen el pasillo o el área utilizada para las salidas de emergencia.

## American Airlines:

- Sin cargo.
- Una indicación visible, como en el chaleco o el collar.
- Se requiere una garantía verbal de que la tarea que su perro realiza es requerida si el personal de la aerolínea realiza una consulta.

## Jet Blue:

- Es requerida una indicación visible, como en el chaleco o el collar.
- Se requiere una garantía verbal de que la tarea que su perro realiza es requerida si el personal de la aerolínea realiza una consulta.
- La documentación también es aceptada.

## US Airlines:

- Se requiere uno de los siguientes; tarjeta de identificación del animal, arnés o etiquetas, documentación escrita, una garantía verbal.

**Virgin Airlines:**

- Se requiere uno de los siguientes; tarjeta de identificación del animal, arnés o etiquetas, documentación escrita, una garantía verbal.

Aunque no necesitas ser un profesional para entrenar a tu perro, se recomienda encarecidamente que realices la prueba de Acceso al Publico. Se trata de una prueba creada para asegurar la validez del adiestramiento básico realizado por el perro de servicio. Esta prueba no incluye tareas entrenadas para ayudar con tu discapacidad. Para poder tomar la prueba, se deben invertir un mínimo de 120 horas de entrenamiento en tu perro. Esto debería tomar cerca de seis meses. En la prueba, no está permitido el uso de premios ni correcciones de correa. A través de este libro lograremos la meta de eliminar estos dos factores así no serás dependiente de ellos. El perro no debe mostrar ninguna agresión o miedo y si lo llega a hacer será descalificado.

PRUEBA DE ACCESO PÚBLICO DE PERRO DE ASISTENCIA INTERNACIONAL (ADI): Aquí hay un esquema general de en qué consiste esta prueba. El evaluador y tu acordarán un lugar adecuado para la prueba. Serás responsable de traer un asistente, un plato de comida, un perro asistente y tener acceso a un carrito de compras.

CONTROLE A SU PERRO CUANDO BAJE DE UN VEHÍCULO:

Primero, descarga cualquier equipo necesario como silla de ruedas, muletas, bastones, etc. Una vez hecho esto, el perro puede ser liberado del vehículo y esperar más instrucciones del guía. El perro no debe correr sin correa ni ignorar las órdenes dadas por el guía. Una vez que el guía y el perro estén instalados, un asistente con un perro caminará a unos seis pies de distancia de ti. Ambos perros deben permanecer tranquilos y bajo control. No deberían intentar acercarse el uno al otro.

- **Acercamiento al establecimiento:** Después de completar el primer ejercicio, tú y tu perro navegarán por el estacionamiento hacia el edificio de la ubicación acordada. Tu perro debe permanecer en una posición relativa de talón junto a ti y es posible que no se le permita avanzar o quedarse atrás. Cuando se presenten automóviles u otras distracciones, tu perro no debe mostrar miedo hacia ellos. Si te detienes por cualquier motivo, tu perro también deberá hacerlo.

- **Entrada controlada a través de la puerta:** Al atravesar el umbral del edificio, debe mantener el control y pasar de manera segura a través de la puerta. Una vez dentro, no está permitido que tu perro abandone la posición relativa del talón y no debe solicitar la atención de nadie.

- **Cerca del talón través del edificio**: Debes demostrar el control de tu perro mientras camina por el edificio. Tu perro no debe estar a más de un pie de distancia de ti y debe poder caminar entre multitudes de personas manteniendo tu ritmo. Él / ella debe reducir la velocidad para alcanzar tu ritmo y detenerse rápidamente cuando lo hagas. Los giros en las esquinas deben ser rápidos y no debe retrasarse. Si te encuentras en un espacio reducido, tu perro debe poder navegar de manera segura sin dañar ninguna mercancía a tu alrededor. La única excepción a la tensión en la correa es si está jalando tu silla de ruedas.

- **Dirigir a seis pies de distancia:** Una vez que se encuentren en un área abierta, el evaluador te pedirá que realices una revisión de seis pies. Con una correa de seis pies (o más), dejarás a tu perro en una estancia, te darás la vuelta y lo llamarás. Esta debe ser una acción rápida y sin esfuerzo. El perro no debe rogar ni solicitar la atención de extraños. A tu regreso, tu perro debe acercarse lo suficiente para que lo toques fácilmente.

- **Comando sentarse/sit:** Habrá tres ocasiones individuales en las que se te pedirá que sientes a tu perro. En cada una, el perro debe responder rápidamente con no más de dos repeticiones de la orden. La primera sentada se realizará junto a un plato de comida. Te está permitido corregir a tu perro verbal o físicamente por olfatear la comida, pero una vez hecho esto tu perro deberá permanecer sentado e ignorar la comida completamente. Tu perro no debe intentar alcanzar la comida. Para la segunda sentada, se te pedirá que sientes a tu perro y luego el asistente del evaluador pasará junto a ti a un metro de distancia con un carrito de compras. Tu perro no debe mostrar ningún miedo hacia el carro. Si comienza a moverse, se te permite corregirlo para mantener la posición. Finalmente, tu perro debe mantenerse sentado mientras el asistente del evaluador camina detrás de ti y tu perro, luego comenzará una conversación contigo y acariciará a tu perro. Tu perro no debe romper su posición para pedir la atención del asistente. Es posible que se te permita repetirle el comando verbalmente para alentarlo a que siente o dar una corrección física.

- **Comando abajo/down:** Al igual que en el ejercicio seis, el comando abajo incluirá varios ejercicios con algunas variaciones. Para el primer ejercicio, estarás sentado en una mesa con tu perro en esta posición debajo de la mesa fuera del camino. Luego, la comida se dejará caer de la mesa y tu perro debe mantener su posición y no romper para comer u oler la comida. Se te permitirá realizar correcciones verbales o físicas. Una vez ejecutado el segundo ejercicio de "abajo", un adulto y un niño se acercarán a ti y a tu perro; tu perro no romperá su posición y no solicitará atención. El niño puede acariciar a tu perro, y tu perro debe mantener su posición.

- **Distracción ruidosa:** Mientras tú y tu perro recorren el edificio, el evaluador dejará caer su portapapeles detrás de ti. Su perro puede saltar y / o girar, pero debe recuperarse rápidamente y volver a colocarse junto a ti. Cualquier miedo excesivo o agresión exhibida como resultado del ejercicio, concluirá la prueba y será descalificado.

- **Restaurante:** Al igual que en el ejercicio siete (de hecho, es muy probable que este sea el momento en el que se hará la prueba del número siete), tu perro estará en el piso debajo de tu mesa. Mientras esté sentado, tu perro debe abstenerse de mostrar interés en otras mesas y personas mientras camina. Una vez sentado, no debe obstruir el pasillo de ninguna manera. A tu perro se le permitirá moverse ligeramente (pararse, girar y acostarse) para que se sienta cómodo siempre que no requiera muchas correcciones o recordatorios.

- **Sin dirigir:** Mientras recorres el edificio, en algún momento, tu evaluador pedirá que sueltes la correa. Continuarás caminando cuando tu perro reconozca que se ha soltado la correa. Aunque variará mucho según tu discapacidad, el propósito de la prueba es demostrar que puedes mantener el control de tu perro y recuperar la correa.

- **Separación:** El asistente del evaluador le quitará la correa a tu perro y lo sostendrá pasivamente sin darle ninguna orden mientras camina a 20 pies de distancia. Tu perro debe permanecer tranquilo, sereno y no mostrar ningún signo de estrés excesivo, lloriqueos o ladridos. Cualquier agresión también resultará en la descalificación.

- **Salida controlada:** De manera similar a la forma en que ingresaron al edificio, tú y tu perro deben salir de manera segura a través del umbral de manera controlada y navegar de regreso a través del estacionamiento. No debe mostrar ningún signo de agresión o miedo ante los ruidos del tráfico, los coches u otras distracciones.

- **Subida controlada al vehículo:** Una vez en el vehículo, tu perro debe esperar pacientemente y no deambular mientras cargas tu equipo en el automóvil. Luego sube a tu perro al vehículo de manera segura.

- **Relación de equipo:** A lo largo de la prueba, tú y tu perro deben estar en un estado de calma y trabajar bien juntos con poca o ninguna adversidad. Ambos deben promover la positividad ante el público y mantener una conducta relajada.

También te conviene participar en la Prueba del Buen Ciudadano Canino. Esta es una excelente manera de documentar que adiestraste a tu perro para asegurarte de que sea seguro sacarlo en público con niños, otras personas y perros. Esta prueba debe realizarse sin su chaleco de servicio. (Más sobre eso más adelante en el libro)

PRUEBA DEL BUEN CIUDADANO CANINO: Algunos de estos ejercicios los reconocerá en la Prueba de acceso público.

- **Extraño Amigable:** Tu perro debe sentarse pacientemente a tu lado mientras un extraño / evaluador se acerca a ti. El evaluador normalmente te dará la mano y tendrá una breve conversación normal contigo. Tu perro debe mostrar cero miedo, agresión o timidez y permanecer neutral ante la presencia del extraño que lo ignorará.

- **Sentarse cortésmente para las caricias:** Tu perro no debe mostrar ningún desdén o timidez hacia el evaluador mientras este acaricia su cabeza y cuerpo. Puedes tranquilizar a tu perro mientras se realiza esta prueba.

- **Apariencia y aseo:** Es importante que tu perro sea agradable a la vista y esté limpio para lugares como hospitales y restaurantes. Esta prueba no solo demuestra la neutralidad de tu perro para ser acicalado, sino que también evalúa su salud (incluido el peso adecuado y el estado de alerta mental). El evaluador inspeccionará sus oídos, patas y encías. Luego, peinará suave y naturalmente el pelaje de tu perro.

- **Caminando con la correa suelta:** A menudo, dado un curso de dirección planificado previamente, se esperará que pasees a tu perro con una correa suelta. Debe quedar claro que la atención de tu perro está en ti y en el lugar donde camina. Esto es para demostrar tu control sobre tu perro cuando caminas y cambias de dirección. Debe haber al menos un giro a la derecha, un giro a la izquierda y un alto.

- **Caminando a través de la multitud:** Según el Club Estadounidense Kennel, una multitud de personas consta de al menos tres personas. Tú y tu perro deben caminar cortésmente entre la multitud de personas sin poner ningún esfuerzo en la correa.

- **Comando sentarse/sit, abajo/down y quédate/stay:** Antes de la prueba, la correa de tu perro se reemplaza por una correa de 20 pies/6 metros. Sentarás a tu perro y luego le dirás que se acueste. Una vez que tu perro esté en su posición hacia abajo, dejarás a tu perro. Puedes decirle que se quede, o si has incorporado el comando a la cama en tu perro, simplemente puedes dejar de lado a tu perro. A un ritmo natural, dejarás el lado de tu perro caminando hacia adelante y luego girarás al final de la correa y volverás a tu perro con calma. Debe permanecer en la posición en la que lo dejaste hasta que el evaluador dé más instrucciones.

- **Llamar:** Al igual que en el ejercicio de permanencia, dejarás a tu perro y caminarás a 10 pies de distancia. Una vez que estés a 10 pies de distancia, te darás la vuelta, mirarás a tu perro y lo llamarás.

- **Reacción a otro perro:** El propósito de esta prueba es demostrar cómo se comporta tu perro con otros perros. A 20 pies de distancia, tú y otro guía acompañado por su perro comenzarán a caminar el uno hacia el otro. Tu perro no debe mostrar ansias, miedo o agresión hacia el perro que se acerca. Una vez que se encuentren, se detendrán, se darán la mano e intercambiarán una pequeña charla. Los perros pueden reconocer la presencia del otro, pero es posible que no estén demasiado interesados. Luego, continuarán caminando uno al lado del otro otros 10 pies. Tu perro debe continuar contigo y no concentrarse en el perro que está detrás de él.

- **Reacción a la distracción:** Durante esta prueba, el evaluador les presentará a ti y a tu perro dos distracciones. Tu perro debe permanecer tranquilo durante este tiempo. No debe ladrar ni entrar en pánico mostrando miedo o agresión. Algunos ejemplos de distracciones a las que puede estar expuesto durante la prueba son un paraguas que se abre, una persona corriendo, una silla, muleta o bastón que se cae.

- **Separación supervisada:** El objetivo de esta prueba es demostrar que tu perro puede quedarse con un amigo o familiar de confianza mientras tú te vas y te pierdes de la vista de tu perro. Durante este ejercicio, tu perro debe permanecer bajo el control de quien tenga la correa. El evaluador le quitará la correa y debes permanecer fuera de la vista hasta por tres minutos. No debe quejarse, ladrar o caminar durante este tiempo.

Los únicos collares permitidos durante la Prueba Canina de Buen Ciudadano son collares planos y collares de estrangulamiento hechos de nailon, cuero o cadena. No se permiten collares de dientes, cabestros ni collares eléctricos. También puede usar un arnés para el cuerpo o un chaleco para su perro. Tu evaluador te proporcionará una correa de línea larga. Sin embargo, tu eres responsable de traer tu propio cepillo o peine.

No se permiten artículos de recompensa como juguetes y comida durante la prueba. Sin embargo, puedes acariciar a tu perro entre ejercicios. Con la excepción del último ejercicio al aire libre, tu perro no debe hacer sus necesidades durante la prueba. Si lo hace, será descalificado. Cualquier agresión exhibida por tu perro también resultará en la descalificación.

Es imperativo que tu perro de servicio se mantenga sano y limpio. Ser miembro de la sociedad significa que debe oler al menos neutral y verse limpio. Las uñas de un perro de servicio deben ser limadas y cortadas para evitar dañar cualquier objeto que pueda encontrar en público, como los estantes de las tiendas. Es aconsejable llevar contigo un cepillo, un peine y toallitas higiénicas todos los días. La caída del pelo debe mantenerse al mínimo. Muchos restaurantes son reacios a servir perros de servicio debido a que los dueños no controlan su muda y a otras razones. Las toallitas sanitarias son lo mejor para la salud de tu perro. El mundo es un lugar muy sucio y el suelo está cubierto de gérmenes. Es importante revisar las almohadillas de las patas de tu perro con regularidad para asegurarse de que estén limpias y en buen estado. Por ejemplo, si estuvieras en el mecánico, caminando por el piso del garaje o incluso en un estacionamiento, tu perro podría recoger aceites de los autos en sus almohadillas y luego ingerir los aceites al lamerse las patas.

**¿Te gusta lo que estás leyendo? ¿Quieres escuchar esto como un audiolibro? ¡Haz clic aquí para obtener este libro GRATIS al unirte a Audible!**

https://adbl.co/2Nw1wg1

# Capítulo 2
*Selección*

Tal cómo lo mencioné en la introducción, cada perro es único de una manera que su capacidad de adiestramiento puede variar de Forest Gump a Albert Einstein. La buena noticia es que puede mejorar esto mediante la formación. Sin embargo, hay algunos rasgos que un perro podría poseer y que no son fáciles de manejar. Por eso es importante recordar que la genética juega un papel crucial en el proceso de entrenamiento y el resultado general de su perro de servicio. Piensa en la mayor parte de los perros de servicio que has visto; ¿Qué razas te vienen a la mente? Lo más probable es que estés pensando en las mezclas de Labrador, Golden Retrievers y Poodle. ¡Hay una razón! Una gran parte de los perros de servicio entrenados profesionalmente se ha criado específicamente para este trabajo. Estos rasgos incluyen dependencia al manejador, nivel de energía leve, nervios sólidos y buena salud en general. Incluso cuando se crían y prueban cuidadosamente para estos rasgos, muchos de los cachorros nacidos en esta línea de trabajo se acicalan y se envían a hogares de mascotas.

Dicho esto, si eliges ir a un criador para seleccionar a tu perro de servicio como candidato, no tomes una decisión final basada en la frase: "¡Oh, le gusto!". Mucha gente comete el error de asumir que si el perro "te elige", es una pareja perfecta. Sin embargo, independientemente de la edad, cuando se trata de seleccionar a su superhéroe (me refiero al perro de servicio), tu criterio debe basarse en lo que tu discapacidad exige.

De acuerdo con la definición de ADA de un perro de servicio, es imperativo que tenga en cuenta lo que se espera de su perro. Por ejemplo, si le falta movilidad, seleccionaría un perro que ya disfruta sostener objetos en la boca. Esto será beneficioso para usted en el futuro cuando enseñe comandos como traer, abrir / cerrar y mantener. Para algunos perros, sostener objetos en la boca es desagradable, mientras que para otros perros, es un placer hacerlo. Además, un hocico que no discrimine objetos (un rasgo que posee un perro que le permite no preocuparse por lo que tiene en la boca) reducirá las posibilidades de que usted se sienta frustrado por la falta de voluntad de su perro para realizar una tarea. Por lo tanto, obstaculiza su entrenamiento y potencialmente empaña su relación.

Otro ejemplo de selección consciente se centra en la dependencia inherente (un rasgo que posee un perro que lo hace concentrarse más en su guía). Esto es un perro que se siente más cómodo al estar al lado de su guía que cuando está explorando y encontrando valor en algo u otra persona. Después de todo, ¿de qué sirve un perro de servicio que no puede o no quiere concentrarse en su trabajo? Imagine que su discapacidad es un trastorno de estrés postraumático. Como muchos que sufren de esto, entra en pánico y se estresa cuando se enfrenta a grandes multitudes. Si tienes un perro que está más interesado en lo que hace la multitud, ¿cómo se supone que calmará tu miedo? Un perro que depende naturalmente de su guía buscará la respuesta como un comportamiento predeterminado (un comportamiento al que se dirige un perro cuando tiene dudas sobre lo que debe hacer) en situaciones como esta. Este rasgo permitirá una base sólida, ya que tendrá que esforzarse menos para ser el foco predominante de su perro en cualquier situación dada. Una buena forma de probar estos factores es jugar a buscar con el perro. Si te trae el juguete por defecto, es seguro predecir que el perro estará dispuesto a trabajar con humanos y debería hacer que algunas de las tareas sean menos frustrantes de enseñar. Un perro que no lo trae de vuelta y prefiere quedarse con el juguete para sí muestra signos de que no puede ser cooperativo durante el entrenamiento de tareas y ser más independiente. Recuerde que cualquier persona, incluidos los perros, puede tener un mal día. Prueba estas pruebas varias veces en el transcurso de algunas semanas. Sí, por supuesto, cualquier perro puede ser entrenado para recuperar objetos, pero con esta prueba, estás evaluando su afán por trabajar con humanos.

Escoger a un perro que naturalmente no quiere traerte artículos de regreso puede necesitar ser entrenado con compulsión para hacerlo. Esto, aunque efectivo, requiere más tiempo y paciencia, y el perro no disfrutará de su trabajo tanto como si estuviera dispuesto. Al realizar la prueba, hay formas en las que puede resaltar este entusiasmo por recuperar si el perro que está probando está dispuesto a complacer. Estos incluyen el uso de un clicker y una recompensa por regresar con el juguete o usar otro perro que disfruta recuperando para obtener una ventaja competitiva.

Anteriormente, tocamos las razas comunes utilizadas en esta línea de trabajo. Los labradores son perros de servicio maravillosos siempre que tengas el tipo adecuado de labrador. Los perros de la misma raza son tan similares como las personas de la misma raza. Sí, tienen rasgos y características físicas similares, pero dependiendo de su árbol genealógico, pueden diferir mucho. Tomemos, por ejemplo, un labrador de campo, criado como un perro pájaro, de energía extremadamente alta. Son los labradores que destrozan tu casa y derriban a la abuela (con amor) mientras atraviesa la puerta. Por otro lado, tienes el laboratorio de inglés. A menudo más regordete y feliz de ser un adicto a la televisión. Examen sorpresa: ¿con cuál te sentirías más cómodo en público? Si dijiste el labrador de campo, estás loco y deberías volver a leer el capítulo uno. Ahora, eso no quiere decir que no pueda elegir un perro que tenga poca energía y que también disfrute de largas caminatas o incluso caminatas cortas. Sin embargo, es mucho más probable que un perro de servicio equilibrado se contente con descansar cuando su trabajo requiere acompañarlo a cenar en un restaurante elegante, leer en la biblioteca o tomar notas en un aula o sala de conferencias.

Esta actitud suave a menudo juega un papel en los nervios del perro. Todos lo hemos visto, el perro de la familia está durmiendo en el suelo y alguien accidentalmente le pisa la cola. El perro salta y sale corriendo, se muestra agresivo o apenas se inmuta por ello. Las dos acciones se reducen a luchar o huir (una defensa inherente que todos los animales poseen y que se desencadena por el peligro percibido. O el animal responde huyendo o agrediendo hacia el peligro), pero la tercera es ideal. Cuando un perro tiene buenos nervios, esto significa que es capaz de mantener la compostura en situaciones estresantes. Esto no significa que si un perro salta en el aire cuando un tazón de metal para perros golpea el piso de concreto, el perro no sirva. Mientras el perro se recupere, esto se puede solucionar. La rapidez con la que un perro se recupera de un sobresalto le dirá lo fácil o difícil que será desensibilizarlo a los ruidos y nuevos entornos. Cuando selecciona un perro con un tiempo de recuperación prolongado, lo más probable es que pase la mayor parte del entrenamiento para que su perro se sienta cómodo en un nuevo entorno. Esto les quita tiempo para trabajar en su obediencia y tareas en público. Si intenta trabajar en estas cosas mientras el perro está en un estado nervioso, no solo hará poco o ningún progreso, sino que también creará una asociación negativa con esos comandos y tareas. Puede probar el tiempo de recuperación dejando caer al azar un objeto como un cuenco de metal, un libro, una bolsa de patatas fritas o cualquier cosa que pueda provocar una reacción de sobresalto. Si el perro se aleja y se encoge, lo más probable es que no sea un buen candidato para el trabajo de servicio. Si se asusta y se agacha, pero retoma su postura natural, es un buen indicio de que necesitará menos energía para adaptarse a nuevos entornos y situaciones estresantes. Le irá bien una vez que comience el entrenamiento de desensibilización. ¡Puntos extras para el perro que no se inmuta e investiga el objeto caído!

Habrá ocasiones en las que otras personas pisarán accidentalmente la cola de su perro. Esto sucederá principalmente cuando su perro esté acostado junto a usted mientras come o en otras situaciones en las que esté sentado en público. ¡Tómalo como un cumplido! Es de suma importancia que su perro esté insensible al tacto porque ocurren accidentes, y un perro que no esté acostumbrado a este estímulo creará una escena que anule el propósito de tener un perro de servicio; mejorar tu calidad de vida. Para probar esto, comience simplemente acariciando al perro. Un perro que se emociona fácilmente con el tacto es una mala elección. Sujete ligeramente las orejas, el hocico y luego la papada del perro. Está bien si el perro siente curiosidad por lo que estás haciendo. Sin embargo, él / ella no debe reaccionar agresivamente (usar la boca no es agresión y debe esperarse que los perros exploren con la boca). Luego, muévete a las patas. Pasa las manos por las piernas del perro y agárralo por los pies. Aplica una presión uniforme en la pata del perro y luego pellizca suavemente la membrana entre los dedos de los patas. Note la reacción del perro. Cuanto más acepte su invasión, más probabilidades tendrá de convertirse en un compañero confiable y sensato en situaciones como ser pisoteado, visitas al veterinario y el ocasional niño desagradable o no permitido tocando la cara de su perro. Si el perro no perdona al evaluador, esta puede no ser la mejor opción, ya que puede guardar rencores que podrían obstaculizar el entrenamiento.

Dado que su objetivo final es completar con éxito la prueba de acceso público de la ADA, sería conveniente que evaluara a sus candidatos con esto en mente. Esto significa que sus candidatos deberían poder entrar y salir fácilmente de los vehículos, por lo que necesitaría evaluar la salud física del perro para esta acción y su voluntad de saltar dentro y fuera de un vehículo. Mientras estamos en el tema de los automóviles, su perro de servicio deberá poder calmarse junto a los automóviles en movimiento y el tráfico intenso. Está bien si su posible perro es un poco cauteloso, pero recurrir a una respuesta de lucha o huida no es una buena señal. Si puede llevar a su candidato a una tienda que admita perros, observe la forma en que navegan por las islas y maniobran alrededor de las exhibiciones y en espacios reducidos. El perro debe mostrar confianza y no estar demasiado interesado en otras personas, especialmente sin tratar de llamar la atención del público. Es importante observar el nivel de energía de un perro en este entorno. Él / ella no debe emocionarse demasiado al ver personas / niños o perros y no debe alterar ningún exhibidor o mercadería. Alternativamente, un perro que se escabulle por los pasillos y es reacio a atravesar los umbrales probablemente terminará necesitando más rehabilitación que el entrenamiento de rutina.

Muchas veces, se pueden encontrar buenos candidatos para perros de servicio en rescates y refugios. No te preocupes. Si desea cambiar su nombre, consuélese con el hecho de que los perros son muy adaptables y, cuando se hace correctamente, su perro moverá la cabeza y escuchará el sonido de su nuevo nombre. Algunos perros incluso responden a apodos para asociarlos con las acciones del ser humano. Si elige comprarle a un criador, es importante preguntar para conocer el temperamento y el nivel de energía de los perros que han criado. Las razas puras que sugeriría son los labradores, los golden retrievers y los perros retrievers de pelo liso. En última instancia, depende de usted qué raza le gustaría. Si elige una raza que generalmente tiene el estigma de ser "mala", tenga en cuenta que puede encontrarse con alguna persona exprese su opinión (no muy buena) sobre esto. Pregúntese: "¿Quiero defender a mi perro cada vez que salgo?" He visto esto con veteranos militares que entrenan a su Pitbull para que sea su perro de servicio, y aunque el perro se comporta perfectamente, el público presenta un problema con la presencia del perro. Esto inevitablemente agregará estrés a su vida en lugar de mejorar su calidad. Las personas que han experimentado este error terminan pasando más tiempo en casa en lugar de salir en público. Esto no solo afecta su calidad de vida, sino que también hará que la obediencia de su perro disminuya. La constancia es importante para mantener su obediencia aguda. Si usted o alguien con quien vive tiene alergias, le recomiendo buscar un criador de labradores australianos. Hay una gran diferencia entre Golden Doodles, Labradoodles y Labradoodles Australianos. La mayoría de los Golden Doodles y Labradoodles que ves tienen en su composición genética los linajes de mayor energía en los perros caza. Los caniches también suelen ser perros muy hiperactivos. Mezcle estos dos y obtendrá bolas de hiperactividad inmaduras y excesivamente estimuladas. No solo están ansiosos, sino que también suelen tardar en madurar, lo que los hace tener una mentalidad de cachorro hasta la edad adulta. Además, sabes que los cachorros suelen distraerse: ¡ARDILLA! Esto es divertido para un hogar de mascotas, no para una biblioteca. Alternativamente, el Labradoodle australiano se cría específicamente para el trabajo de perro de servicio. No solo son hipoalergénicos, sino que también son inteligentes, ecuánimes y maduran a un ritmo muy rápido. Muchas veces maduran antes de cumplir un año.

Una vez que haya seleccionado el perro que cree que será el más adecuado, es aconsejable tener un período de prueba en el que el perro viva con usted durante un mes para confirmar que se adapta bien a usted, su familia y su estilo de vida. Durante este tiempo, lleve al perro con usted tanto como sea posible. Si eres propenso a sufrir convulsiones o ataques de pánico, asegúrate de que el perro no le tenga miedo a estos episodios. No solo es importante observar su comportamiento durante, sino también justo antes de que ocurra la convulsión o el ataque de pánico. Algunas acciones que el perro puede exhibir naturalmente son ladrar o llorar, patear o saltar sobre ti. Pasar mucho tiempo con los amigos es muy importante. Verá, cuando pasa mucho tiempo con un amigo muy cercano, inmediatamente notará cambios sutiles en su comportamiento o estado de ánimo. Notaría rápidamente cuándo se siente mal o si algo lo molesta. Lo mismo ocurre con los perros. Cuanto más cerca esté de su perro, más podrán conocer sus sentimientos: si se siente incómodo, si está enfermo o si está a punto de sufrir un ataque de pánico.

Dado que los perros se basan en el orden de los eventos para decidir qué vale la pena recordar y responder y qué debe descartarse, son maestros en leer tu cara de póquer y captar esos comportamientos minúsculos que exhibes antes de sucumbir a un ataque de pánico. Tenerlo cerca de usted tanto como sea posible le dará una mejor oportunidad de ver cuál es su alerta y le dará a su perro más información para recopilar y poder saber cuándo ocurre el cambio. Si bien es un tema controvertido si los perros pueden detectar las convulsiones antes de que ocurran, pueden reconocerlas a medida que ocurren y pueden ser entrenados para encontrar ayuda, recuperar un teléfono o incluso permanecer con la persona durante la convulsión. La capacidad de su perro para mantenerse tranquilo mientras le ayuda en estas situaciones es muy importante. Es por eso que, mientras el perro todavía está en libertad condicional, debe asegurarse de que el perro no muestre ningún signo de miedo hacia estos episodios. Se necesitaría más tiempo y energía para desensibilizarlo a la situación y luego pedirle que realice una tarea mientras está estresado y asustado. No es justo para el perro. Y nuevamente, elimina el propósito de tener un perro de servicio.

## Tipos de perros de servicio y lo que brindan:

**Perros que alertan alergenos:** Como seres humanos, tenemos alrededor de 5 millones de receptores olfativos que nos ayudan a concluir que se está horneando un pastel en el horno. Sin embargo, los perros tienen 220 millones de receptores en su sistema olfativo que les permiten determinar que se está horneando un pastel de zanahoria en el horno hecho con dos tazas de harina para todo uso, dos tazas de azúcar, una cucharadita de sal, cuatro huevos, tres tazas de zanahoria, creo que entiendes el punto. Su nariz es tan poderosa que pueden identificar el olor residual de donde alguien tocó el pomo de una puerta y luego llevarte directamente a esa persona exacta. Es con este talento altamente desarrollado que pueden alertar a quienes padecen alergias severas sobre peligros en el área o incluso en sus alimentos.

Por ejemplo, digamos que es alérgico a los huevos. Su perro podría oler el pastel de zanahoria mencionado anteriormente y alertarle de que hay huevos horneados en el contenido del pastel. Esto se hace aislando el ingrediente y creando una asociación positiva con el olor y recompensando al perro por alertarlo. Esto puede llevar más de un mes para entrenar para completar la precisión. Esto (al igual que con otros perros de servicio entrenados en detección) aprovecha su instinto natural de buscar aromas y convierte su vida en un juego divertido en el que son recompensados por encontrar una determinada esencia o aromas.

Los perros son más felices cuando pueden usar con éxito sus instintos naturales y son recompensados por ello. Un perro que está siendo seleccionado para esta línea de trabajo no debe estar ansioso y debe ser capaz de concentrarse en un olor para cazar. La independencia y la inteligencia también son necesarias si se espera que el perro esté constantemente al acecho (u oliendo, jaja) en busca de alérgenos. El manejador ideal es alguien mayor de quince años. Esto se debe a que trabajar con un perro detector no es fácil y hay muchas idiosincrasias que alguien más joven puede perder. Por favor tenga esto en cuenta para otros perros detectores de olores enlistados en este libro. Una cosa importante a tener en cuenta sobre los perros detectores de alérgenos es que para mantener su entrenamiento, debes entrenarlos con los alérgenos a los que normalmente no te acercarías. Puede tomar precauciones como usar guantes de látex y mantener el alérgeno en un lugar separado con una parte superior de malla pequeña para limitar el contacto. Un perro detector de alérgenos no alerta a los precursores de la anafilaxia. Se deben tener en cuenta muchos factores con todos los perros detectores, incluidos la edad del olor, el flujo de aire y las barreras físicas, como envoltorios o bolsas selladas. La precisión de su perro alérgeno dependerá de estos factores, junto con la frecuencia con la que mantiene el entrenamiento y su capacidad para trabajar con su perro. La mayor parte de la formación se realiza en un restaurante o en otras áreas públicas. Esto requiere que el perro pueda trabajar con distracciones y olores competitivos. Dicho esto, si es alérgico a más de un alimento o material, un perro de detección de alérgenos puede hacerlo con éxito para ambos simultáneamente, y si uno de ellos está presente, lo alertará del peligro. No se sugiere que entrenes a tu propio perro con alerta de alérgenos, ya que este es un trabajo que debe ser muy consistente y es posible que te pierdas algunas de las idiosincrasias durante el entrenamiento.

**Perros de Alerta Diabética:** Muchos diabéticos pueden sentir los síntomas del descenso de su nivel de azúcar en sangre. Sin embargo, algunas personas que han tenido el trastorno de diabetes tipo 1 durante mucho tiempo pueden desarrollar una condición que se llama Hipoglucemia inconsciente. Tener esta afección evita que pueda notar cuándo presenta síntomas de niveles bajos de azúcar en la sangre, incluidos mareos, temblores y sudoración. Sin el conocimiento de estos síntomas para indicarle que coma algo para elevar su glucosa en sangre a un nivel normal, puede sufrir un desmayo, una convulsión o incluso podría resultar en un coma.

Los diabéticos viven con el temor constante de que esto pueda suceder en un momento inesperado. Para mitigar este miedo y disminuir la posibilidad de sufrir una convulsión o desmayo, los perros están entrenados como perros de detección que alertan sobre niveles bajos de glucosa. Los perros son capaces de detectar los bajos niveles de glucosa a través del sudor que secretan sus dueños cuando están experimentando hipoglucemias. Para entrenar a estos perros, las instalaciones de investigación de la diabetes recolectan muestras de sudor. Estas muestras de sudor se toman de pacientes que estaban experimentando hiperglucemia (glucosa alta en sangre) o hipoglucemia (glucosa baja en sangre). Otra forma de que los perros de alerta de diabetes detecten el cambio en los niveles de glucosa en sangre es a través de la respiración de su dueño. Durante la hipoglucemia, su cuerpo exhala una sustancia química llamada isopreno y puede ser detectada por la nariz de un perro. Esta es una forma de entrenamiento menos practicada. Hay varias formas en que su perro con alerta de diabetes puede responder a sus cambios en el olor. Algunos de estos incluyen; marcar 911 en un teléfono especial K9, empujar su brazo, saltar sobre su regazo, lamerlo en exceso, manosearlo y / o recuperar sus medicaciones necesarias, por nombrar algunos.

Debido a la gravedad de la importancia de la precisión que debe tener un perro con alerta de diabetes, no se recomienda que usted entrene al suyo. No para la tarea de detección, al menos. Pasan muchos meses para asegurar la precisión de estos perros. Debido a la tediosa capacitación que se requiere, la capacitación es muy costosa. Pero tenga en cuenta que no todos los diabéticos requieren un perro de detección. Por lo general, solo los diabéticos tipo uno experimentan los problemas asociados con la hipoglucemia. Hay muchos factores que puede revisar para decidir si un perro con alerta de diabetes es adecuado para usted. Por ejemplo, si no tiene inconsciencia de la hipoglucemia, pero sus niveles de glucosa en sangre fluctúan con frecuencia peligrosamente altos o peligrosamente bajos por la noche mientras duerme, un perro alerta de diabetes podría ayudarlo despertándolo cuando el cambio en se detectan niveles. En general, si está debilitado por la paranoia de la hipoglucemia o la hiperglucemia, conseguir un perro con alerta de diabetes podría brindarle una mejor calidad de vida, reducir el estrés y la ansiedad atribuidos a su diabetes y promover un estilo de vida más saludable para usted y permitirle participar. en más actividades físicas. Además de los gastos asociados con el entrenamiento y la compra de un perro con alerta de diabetes, la lista de espera puede estar entre dos y seis meses antes de que un perro esté disponible para usted.

**Perros de Servicio para Desorden de Estrés Postraumático:** La primer causa del trastorno de estrés postraumático que generalmente le viene a la mente cuando lo escucha es el combate bélico. Este trastorno puede ser causado por una serie de eventos traumáticos que han sucedido en la vida de una persona. Por ejemplo, entrené perros de servicio que iban a ser emparejados con niños pequeños que fueron rescatados del tráfico sexual. A menudo tenían pesadillas, ansiedad social, ataques de pánico, así como desconfianza y miedo a los hombres y muchos más síntomas atribuidos al trastorno de estrés postraumático. Incluso un solo evento puede dejar una cicatriz duradera en la vida de algunas personas, como un robo, un accidente automovilístico, un incendio en una casa o un asalto. Muchas personas presentan síntomas de este trastorno después de un evento traumático, pero si los síntomas duran más de seis meses, a la persona se le diagnostica un trastorno de estrés postraumático y es posible que necesite un perro de servicio para volverse más independiente.

Si padeces este trastorno, reflexiona sobre cómo un perro podría mitigar tu vida. Muchos pacientes necesitan un perro que pueda interrumpir los ataques de pánico, recordarles que tomen medicamentos, crear una barrera al público si se sienten rodeados de una multitud y ayudar a su hipervigilancia despejando las habitaciones oscuras y encendiendo las luces. He descubierto que muchas personas que sufren de trastorno de estrés postraumático generalmente sienten que no tienen el control en la vida y, a menudo, tienen sentimientos de desesperanza. Lo que es tan maravilloso sobre involucrarte en el entrenamiento, especialmente cuando puedes entrenar a tu propio perro desde cero (incluso con ayuda profesional), es que te da una sensación de control y puedes personalizar tu entrenamiento día a día. Muchas personas con las que he trabajado se transforman casi de inmediato una vez que comienza el entrenamiento. Esto se debe a que se fijan metas pequeñas y las alcanzan. En otras palabras, el entrenamiento en sí es terapéutico. El entrenamiento no solo es gratificante, tener un perro, en general, te obligará a levantarte de la cama por la mañana porque necesita que lo cuiden. Darle una responsabilidad a la persona puede empujarla a cuidarse a sí misma. Incluso se puede entrenar a estos perros para que te quiten la manta por la mañana para comenzar el día.

Como se mencionó, los niños pueden ser los manejadores de estos perros ya que el manejo no requiere ninguna habilidad en profundidad. Muchos niños que padecen este trastorno pueden desarrollar ansiedad por separación severa.

Tener un mejor amigo peludo a su lado en todo momento puede resultar la mejor opción para darles independencia, especialmente si se enorgullecen del entrenamiento de su nuevo compañero.

**Perros Lazarillos:** Quizás uno de los más comúnmente pensados cuando se crían perros de servicio, los perros guía o lazarillos actúan como los ojos de una persona que de otra manera no podría moverse por su cuenta debido a la pérdida de la vista. Para la mayoría de las personas, caminar (especialmente en público) se da por sentado. Sin embargo, para las personas con discapacidad visual, es difícil y peligroso. La vista de un perro guía puede mitigar los peligros y las dificultades al guiar a la persona hacia y desde el punto A al punto B mientras maniobra alrededor de los obstáculos.

Por ejemplo, si estuvieras caminando por la calle con tu perro guía y tuvieras que cruzar la calle, tu perro estaría entrenado para detenerse en la acera para avisarte que hay una acera. Después de esto, puedes cruzar la calle de manera segura sin sufrir lesiones, a menos que se acerque un automóvil. Si intentaras continuar hacia la calle mientras se acerca un automóvil, tu perro plantaría firmemente sus pies para comunicarte que no es seguro caminar. A esto se le llama desobediencia inteligente. Los perros seleccionados para este tipo de trabajo deben tener un coeficiente intelectual muy alto. La desobediencia inteligente se define como una acción que realiza un perro que es lo contrario de lo que el guía le pide porque es consciente de que en una situación dada, es inseguro o no aplicable. Otro ejemplo de esto es cuando los policías K9 están buscando narcóticos en una casa y el guía intenta guiar la búsqueda del perro, pero el perro decide seguir su olfato altamente desarrollado en lugar de seguir las instrucciones de su guía. En este caso, él / ella entiende que para ser recompensado, debe seguir el olor hasta la fuente a toda costa, incluso si eso significa desobedecer al manejador.

Debido a las muchas horas y la gran cantidad de trabajo duro que deben dedicar a estos perros, son costosos. No se recomienda que la persona entrene a su propio perro guía para salir en público debido a los posibles peligros que podría enfrentar. Sin embargo, en su propia casa, su perro puede hacer mucho por usted para mitigar su discapacidad. Tales tareas incluyen recuperar artículos (a menudo perdidos o extraviados), guiarlo de una habitación a otra, ayudarlo a levantarse si se ha caído, marcar el 911 en su teléfono de servicio especial para perros, recordarle que debe tomar medicamentos y mucho más. Aun así, se sugiere que busques ayuda tanto para la obediencia como para las etapas iniciales en la parte de las tareas de su entrenamiento, ya que algunas de estas pueden ser complicadas.

**Perro de Asistencia Auditiva:** ¿Qué es eso? ¿Tienes problemas para oír? Un perro de asistencia auditiva podría mejorar enormemente tu calidad de vida y seguridad. Muchas personas sordas o con problemas de audición tienen estos perros de servicio para alertarlos del peligro o incluso de los ruidos del día a día. Por ejemplo, es posible que una nueva madre que sea sorda necesite que se le avise cuando su bebé esté llorando. El perro alertará a su dueño dándole un codazo en el brazo o pateándolo y luego lo guiará hacia el ruido, en este caso, un bebé que llora. Otros casos incluyen, pero no se limitan a alarmas, teléfonos que suenan, alguien que llama su nombre, un automóvil en movimiento detrás de ellos, timbres, etc. Es posible entrenar a tu propio perro de asistencia auditiva. Por lo general, los labradores y los Golden retriever son las primeras opciones cuando se trata de perros de asistencia auditiva, pero otras razas también pueden hacer el trabajo. Otros perros populares para esta línea de trabajo incluyen cocker spaniels, caniches miniatura e incluso chihuahuas. Esto a menudo se basa en su temperamento y personalidades. Las mezclas de Terrier también son las mejores opciones y se pueden encontrar en rescates y refugios.

Según lo establecido por la asociación Internacional para Perros de Asistencia, un perro de asistencia auditiva debe estar adiestrado en al menos tres o más sonidos diferentes. Como otros requisitos, también insisten en que el perro responda a su obediencia con prontitud y se comporte profesionalmente en público. Se requiere identificación en forma de tarjeta de identificación y arnés u otro tipo de equipo (como una correa) que esté claramente etiquetado, que demuestre que su perro es un perro de servicio.

Como se mencionó, un perro de asistencia auditiva puede alertar a su dueño de los sonidos y ser entrenado para hacer esto. Sin embargo, incluso si no está entrenado para alertar a ciertos sonidos en público, un perro alerta sigue siendo extremadamente beneficioso para la discapacidad de su guía. El guía puede ser más consciente de su entorno en general al observar a su perro y sus reacciones a lo que sucede a su alrededor. Por ejemplo, si estás sentado en un banco y alguien se acerca detrás de ti, puedes observar a tu perro que se pondrá alerta a esto y te indicará que prestes atención a lo que está detrás de ti. Esto se puede utilizar mejor enseñándole a tu perro hacia qué lado debe mirar cuando estás sentado o incluso dándole una orden a tu perro para que cuide tu espalda.

Durante su proceso de selección, debe evaluar qué perro será más consciente de su entorno. Un perro como un bassett puede no estar tan atento como lo estaría una mezcla de terrier. Además de estar atento, tu perro debe tener un temperamento cariñoso pero independiente. Un perro que depende demasiado de su guía puede que no se concentre en lo que sucede a su alrededor.

**Perro Asistente de Movilidad:** Existe una amplia variedad de discapacidades relacionadas con la movilidad que requieren un perro de servicio. Las personas con distrofia muscular, lesiones cerebrales, lesiones de la médula espinal, problemas ambulatorios, amputaciones o incluso artritis son candidatos para un perro de servicio, por nombrar algunos. Las personas que tienen que vivir con problemas relacionados con el equilibrio pueden usar un perro que pueda ayudarlas a estabilizarse e incluso permanecer inmóvil para ayudarlas a levantarse cuando se caiga. Si se cae y no puede levantarse, estos perros también pueden ser entrenados para buscar ayuda de alguien en la casa o marcar el 911 en su propio teléfono para perros de servicio especial. Las personas atadas a una silla de ruedas pueden tener dificultades para subir por las rampas para sillas de ruedas (según su condición física). En este caso, su perro estaría entrenado para subir su silla de ruedas por la rampa. Si tiene problemas de artritis debilitante, es posible que necesite ayuda para desvestirse. Más adelante en el libro, le enseñaremos a tu perro a quitarte la chaqueta y los calcetines. Estas técnicas se pueden aplicar a más ropa si es necesario.

Al seleccionar un perro asistente de movilidad, es importante considerar las tareas para las que lo entrenarás. Aparte de lo obvio (perro inteligente y carácter apacible), tu perro debería poder soportar tu peso si lo necesitas. También se debe evaluar la salud de estos perros. La salud de las articulaciones es extremadamente importante. Si tienes una silla de ruedas, debe ser lo suficientemente fuerte para tirar de ella en una rampa si alguna vez lo necesitas. Las razas que se utilizan para este tipo de trabajos suelen ser perros que pastorean o mastines. Estas razas incluyen los Grandes Pirineos, San Bernardo, Pastor de Anatolia, Bull Mastiff, etc.

Estos perros a menudo están equipados con mochilas especiales para perros o arneses con asa para que sus dueños puedan hacer que el perro lleve artículos para ellos y también los usen como apoyo para mantener el equilibrio. Un perro de servicio de movilidad puede mejorar en gran medida la vida de alguien que, de otro modo, teme presentarse en público. Sin un perro de servicio, esta terrible experiencia puede ser físicamente agotadora, emocionalmente dolorosa (preguntarse cómo se verán a la vista del público) y, en general, no vale la pena la energía. Una vez que obtienen el perro de servicio, no solo están más enfocados en el perro y sus necesidades de adiestramiento (necesitan ir en público para mantener su adiestramiento), el dueño a menudo siente que su apariencia pública ha cambiado de manera positiva. Algunas personas con problemas de movilidad no pueden hacer cosas como comprar por sí mismas porque no pueden alcanzar ciertos artículos y puede ser agotador. En este libro, repasaremos algunas tareas que puedes enseñarles a tu perro y que te beneficiarán cuando vayas al supermercado.

**Perro de alerta convulsiva:** El tema de los perros de alerta convulsiva es controvertido en la comunidad de perros de servicio. La idea es que se pueda entrenar a un perro para que detecte una convulsión antes de que suceda. Aunque hay casos en los que los perros lo han hecho con éxito, no es evidente cómo los perros pueden hacerlo. Algunos especulan que pueden escuchar la frecuencia cardíaca acelerada o que nuestra piel segrega diferentes sustancias químicas antes de la convulsión. Desafortunadamente, debido a que no sabemos cómo pueden detectar las convulsiones, no existe una forma garantizada para entrenar el comportamiento. Mi mejor sugerencia es pasar el mayor tiempo posible con tu perro y, con el tiempo, notará cambios leves en sus patrones de comportamiento que pueden indicarle que está a punto de sufrir una convulsión. Para ello, debes seleccionar un perro que tenga una alta dependencia de su guía. Muchos perros poseen una capacidad innata para predecir estos episodios, y una vez que se establece que un perro tiene esta capacidad, se fomentan y recompensan los comportamientos de alerta. Estos comportamientos incluyen patear, ladrar y / o lamer en exceso. Los perros Golden Retriever parecen ocupar un lugar destacado en la lista de estos perros.

Un ejemplo de alguien que puede necesitar un perro de alerta convulsiva es alguien que sufre de epilepsia. Solo en los Estados Unidos, 2 millones de personas sufren de epilepsia. Los perros de servicio les dan a estas personas la libertad de ser independientes y funcionar en su vida diaria sin temor a sufrir un ataque epiléptico. El adiestramiento para un perro de alerta de convulsiones que sea preciso es de dos años, incluido el adiestramiento básico. Si deseas y / o necesitas un perro antes de ese tiempo, puedes considerar la posibilidad de adquirir y / o adiestrar un perro que responda a las convulsiones.

**Perro de Respuesta a Convulsiones:** Similar a un perro de alerta de convulsiones, un perro de respuesta a convulsiones ayuda en la seguridad de las personas que sufren convulsiones. A diferencia de un perro de alerta de convulsiones, la responsabilidad de un perro de respuesta a convulsiones no es advertir de una convulsión inminente, sino reaccionar ante una convulsión en curso. Un perro que está entrenado para responder a alguien que experimenta una convulsión puede hacer lo siguiente; buscar ayuda a una persona (ya sea un maestro, padre o amigo), buscar medicamentos para tratar dicha convulsión, alertar al público ladrando (si un amigo o familiar no está cerca) brindar consuelo a su dueño durante el convulsiones, es un botón de emergencia, e incluso puede menguar la caída propia para evitar cualquier traumatismo craneoencefálico. En algunos casos, si la persona está en silla de ruedas, el perro puede llevar la silla de ruedas a un lugar más seguro. Esto requiere que un perro sea lo suficientemente fuerte y resistente para evitar la caída de su dueño. Un perro con problemas de cadera, codo, espalda u otras articulaciones no sería un buen candidato para este tipo de trabajo. Cuando su dueño esté saliendo de una convulsión, puede recuperar su teléfono para pedir ayuda o llevarle medicamentos.

**Perro de Apoyo para el Autismo:** Dependiendo del individuo, una persona o un niño con el espectro del autismo experimenta una amplia variedad de obstáculos. Algunos de estos incluyen, pero no se limitan a; aislamiento social y / o deambular. Para los niños con espectro autista que tienen problemas para socializar con sus compañeros en la escuela u otros entornos sociales, el perro sirve como un tema de conversación, así como una cara familiar y un compañero. Esto puede darle al niño más independencia y una mejor calidad de vida. Algunos niños que tienen que lidiar con las pruebas del autismo a menudo se desvían y pueden perderse fácilmente. Los perros de apoyo para el autismo están entrenados para mantener a su guía cerca, y si huyen, los perros están entrenados para localizarlos y devolverlos a su cuidador. Debido al hecho de que el perro debe poder concentrarse en su guía en todo momento, debe poseer las cualidades de dependencia y tutela del guía. La tutela no significa que el perro protegerá al guía de forma agresiva. Más bien velará por ellos para que no se lastimen ni se pierdan. Algunas personas con el espectro autista a menudo tienen episodios de comportamiento autodestructivo como; tirarse del pelo, golpearse o morderse o algo peor. Durante estos episodios, se puede entrenar al perro para que detenga a su dueño tocándole los brazos para interrumpir el comportamiento. Otra acción que el perro puede realizar durante este tiempo es acostarse encima de su dueño y, a veces, lamerle la cara para calmarlo proporcionándole una terapia de presión profunda.

También se pueden combinar con niños que padecen un trastorno del espectro alcohólico fetal. Con síntomas similares, los perros están entrenados para interrumpir comportamientos repetitivos. Existe una amplia variedad de razones por las que alguien podría sufrir conductas repetitivas relacionadas con el autismo, el trastorno obsesivo compulsivo o incluso el síndrome de Tourette. Estos comportamientos pueden ser sutiles, como rechinar los dientes, pellizcarse la piel y morderse las uñas, hasta comportamientos mucho más extremos como morderse a sí mismo, golpearse la cabeza contra un objeto y golpearse repetidamente. En conjunto, estos comportamientos se generalizan como autoestimulación. Muchos científicos creen que en los niños con autismo, la autoestimulación proporciona a su sistema nervioso las betaendorfinas que anhela. Afortunadamente, tu perro de servicio puede ser entrenado para que note estos comportamientos e intentará detenerlos. Para hacer esto, deberá presentarle al perro un comportamiento repetitivo más común en usted.

**Perros de apoyo emocional y perros de terapia:** A diferencia de un perro de servicio, un perro de apoyo emocional ofrece compañía a quienes sufren angustia emocional. Debe tener una carta de un profesional de salud mental con licencia que exprese la necesidad de su perro de apoyo. Esta carta lo protegerá bajo la Ley de la Autoridad de Vivienda Justa y la Ley de

Transportistas Aéreos. Es importante ser honesto sobre esto con usted mismo, porque si puede realmente ir en un avión sin su perro, debería hacerlo. Las aerolíneas solo permiten un perro por vuelo. Si compró un boleto para usted y reservó un lugar para su perro de apoyo emocional, esto significa que un perro de servicio debe buscar un vuelo diferente. Este perro de servicio puede servir como perro guía, perro de movilidad u otra discapacidad más grave. La mayoría de las personas con perros de servicio optan por no volar a menos que sea absolutamente necesario, a menudo por razones médicas. Razones como volar para recibir tratamiento médico o cirugía. También es importante tener en cuenta que es necesario mostrar una carta específica de un profesional de la salud mental en todas las aerolíneas.

Aunque los perros de apoyo emocional no están permitidos en público ni están protegidos por la Ley de Estadounidenses con Discapacidades como lo están los perros de servicio, sí tienen una autorización especial para lugares como hoteles, aviones y viviendas que, de otro modo, normalmente no permitirían mascotas. Los propietarios también pueden solicitar ver una carta escrita por un profesional de la salud mental. Es posible que se aplique una tarifa por mascota razonable según el lugar en el que escojas para vivir.

El único propósito de un perro de terapia es ir al hospital, orfanatos y otros establecimientos para alegrar los días de quienes están allí. Viven con una sola persona pero no para mejorar su calidad de vida. Esto significa que no están protegidos por ninguna ley y no tienen acceso al público, aviones o privilegios especiales en lo que respecta a la vivienda. Algunos perros de terapia son comprados por orfanatos o funerarias por los dueños para que animen a los residentes y / o visitantes.

**¿Te gusta lo que estás leyendo? ¿Quieres escuchar esto como un audiolibro? ¡Haz clic aquí para obtener este libro GRATIS al unirte a Audible!**

https://adbl.co/2Nw1wg1

# Capítulo 3
*Reglas de la Casa*

A ahora que le has dado la bienvenida a tu nuevo cachorro a tu casa, ¡hay algunas reglas básicas que debemos repasar! A lo largo de la historia de la humanidad, los perros y los humanos se han servido unos a otros de muchas formas. En las primeras domesticaciones, los perros se utilizaron como protectores y compañeros de caza. Las tribus aprovecharon inteligentemente la estructura mental de su perro y manipularon sus instintos para hacerlos más útiles. En la raíz de su estructura mental está su comprensión y las pautas innatas de la estructura de la manada. Todos hemos oído hablar de los niveles en los que organizan sus manadas; alfa, beta, omega, etc. ¿Por qué requieren tal estructura? Basado en el hecho probado, una unidad no sobrevivirá sin un sistema de jerarquía. Más específicamente, no sobrevivirá sin un líder. A lo largo de la historia, sin embargo, el hombre ha moldeado esto de una manera que le beneficia. La domesticación creó perros que no buscaban ser líderes. En cambio, ansiaban uno. Desafortunadamente, muchos que no entienden la mentalidad de un perro doméstico (especialmente uno que sería perfecto para el trabajo de un perro de servicio) no logran ser el líder y no dan la estructura que el perro necesita. En este caso, el perro (un perro que de otro modo estaría contento de tener un líder seguro) que aún tiene la mentalidad estructuradora de la manada, verá a su dueño como no apto o igual a él y asumirá el papel de líder por sí mismo. En este punto, el propietario conoce el problema, pero no la causa subyacente. Muchos de estos perros desarrollan ansiedad cuando asumen el papel de líderes porque se sienten incómodos en el puesto. Esto puede provocar un comportamiento agresivo y temeroso. Entonces, ¿cómo te aseguras de mantener el control? Debes tener pautas estrictas y constantes que tu perro debe cumplir. Confía en mí; ¡Te agradecerá e incluso te amará más como su guía y líder de vida!

Muchas veces, con cachorros y perros rescatados, pero sobre todo perros rescatados, el nuevo dueño comete un gran error. Se lo llevarán a casa, y como es nuevo y muchas veces han pasado meses en una perrera, sus dueños se sienten mal por ellos y así les dan todas las comodidades. Están tan emocionados de tener un nuevo cachorro o perro que van a la tienda y compran juguetes para 50 perros, muchas golosinas y luego se van a casa y los dejan en la cama y los muebles, etc. puedes darle a tu perro todo esto, pero la forma en que lo obtiene es muy importante. Piénsalo de esta manera; imagina que creciste y te lo entregaron todo, nunca tuviste que trabajar por dinero, podías salir a donde quisieras sin pedir permiso, y nunca tuviste que hacer ningún trabajo en la casa. ¿Cómo verías el dinero? ¿Lo valorarías o lo verías como un derecho y no como un privilegio? ¿Cómo crees que verías a tus padres? ¿Los verías como una autoridad respetada y amada, o los verías como iguales sin poder sobre ti? Lo más probable es que, en este escenario, si alguna vez intentaran reprenderte, habría un arrebato. A esto se le llama malcriar, y no estoy seguro de cuándo se convirtió en una palabra positiva, pero crea malas conductas tanto en los niños como en los perros.

Veamos el otro lado del espectro; Siempre has trabajado por lo que quieres, tus padres son cariñosos pero firmes, debes pedir permiso antes de hacer lo que te apetezca, y haces los quehaceres de la casa por tu mesada. En este escenario, tus padres han dejado en claro que tienen el control y mantienen todo lo que consideras valioso. Debes trabajar para que te den dinero o pedirles permiso para hacer algo que quieras. Lo mismo ocurre con los perros. Como los niños, ellos quieren cosas, y si pueden conseguirlas cuando quieran, entonces tú no eres importante para sus necesidades y deseos. Digamos que dejas a tu perro en tus muebles, está bien, y no te estoy diciendo que no puedas. Sin embargo, la forma en que consiguen las cosas es importante. Para entender esto, debes ver los muebles como una elevación, una elevación en la que te sientas libremente sin pedir permiso. En la mente de un perro, la elevación es poder y rango. Si son capaces de subir a tu nivel de rango cuando lo deseen, ¿de verdad crees que se tomarán en serio tus órdenes cuando prefieran investigar un olor? No, te verán a ti como un igual al igual que un niño mimado ve a sus padres como iguales porque se les dio la capacidad de hacer lo que quieran cuando quieran. Algunos perros incluso lo llevan al siguiente nivel para no dejar que nadie se suba a los muebles cuando están en ellos. Lo crea o no, todas estas reglas de la casa se aplicarán cuando esté en público. Lo mismo que un niño que sufre un colapso total porque le dijeron que no en público. Un perro que te ve como un igual y no como un líder primero ignorará los comandos viéndolos como sugerencias.

**Dicho esto, esta es la regla número uno:** NO HAY muebles durante la primera semana. Después de la primera semana, solo se les permite subir a los muebles cuando lo piden y / o los invitan a subir. La mayoría de los perros preguntarán colocando su barbilla en el asiento donde quieren trepar. Digo sin muebles durante la primera semana porque queremos dejar muy claro al principio quién está a cargo y para empezar con el pie derecho. Esto hará que tus sesiones de entrenamiento sean más fluidas y tendrás que trabajar menos duro en el futuro. Está bien si se sube al sofá si sales de la habitación SIEMPRE Y CUANDO se baje cuando vuelvas a entrar.

Ahora, si en la segunda semana le permite subir a los muebles cuando lo inviten y decide empezar a subir cuando le apetezca, corrígelo (sugiero dejarle una correa corta para que se levante del sofá). Si continúa empujando este límite, regrésalo a la semana uno, donde no tienen tiempo en los muebles. Esta regla es especialmente importante si planeas que tu perro duerma contigo en la cama. La cama es como el trono del rey o la reina para un perro. ÚNICAMENTE debe ser invitado, especialmente si lo necesitas para trabajar en ese lugar. Si este trabajo incluye un comportamiento de conexión a tierra (también conocido como terapia de presión profunda) y le preocupa no poder invitarlo a entrar durante un ataque de pánico, no se preocupe. Un perro puede aprender a volverse intelectualmente desobediente * en esta situación entenderá que solo se le permite subir si es invitado o necesario.

**Regla número dos:** No hay "libre alimentación". Tradicionalmente, la alimentación libre se refiere al acto de dejar comida para que su perro la coma cuando lo desee. Sin embargo, en este libro, también significa alimentar golosinas sin ningún motivo. Parece simple, pero profundicemos un poco más. Los perros no solo ven la comida como moneda de cambio durante el entrenamiento, sino que obviamente también la necesitan para sobrevivir, al igual que tú y yo. Por lo tanto, tiene sentido que si mantenemos lo que es importante para ellos, seamos importantes. Cuanto más deben mirarnos para obtener lo que desean, más deseables nos volvemos para ellos. Incluso sugeriría no tener tazones de comida para que toda la comida venga de ti y del entrenamiento.

Un perro que pueda comer cuando quiera no valorará la comida. "¿Por qué debería trabajar para eso cuando lo obtengo todas las mañanas y noches gratis todos los días?" - Tu perro. Si tu perro no valora la comida, tendrá poco o ningún incentivo para trabajar para ti. No mimes a tu perro si quieres que sea un animal de servicio confiable.

Más adelante en este libro, te pediré que realices al menos tres sesiones de 15 minutos cada día. Por ejemplo, si tu perro come tres tazas al día, lo dividirás en tres partes y tendrá una taza de comida para trabajar por sesión, (más recompensas del premio mayor, pero hablaremos de eso más adelante en el libro). Hacer esto enviará un mensaje simple a tu perro de que debe ganar su dinero (comida), y si tu haces que el trabajo sea divertido para tu perro entonces estaremos en una relación hermosa y saludable. Esto también asegurará que tu perro tenga hambre y esté dispuesto a trabajar por su comida. Me encantan las costillas, pero si como una parrilla entera, no podrías hacer que coma un bocado más. Lo mismo ocurre con los perros; si tienen hambre, estarán dispuestos a trabajar por la comida. Si ya desayunaron, probablemente la comida no les resulte atractiva y no querrán trabajar por ella. De hecho, los días en que descansas del entrenamiento, tu perro debe ayunar. No te preocupes, siempre que se alimenten regularmente a través del entrenamiento un día a la semana, ¡puede ser realmente saludable para su sistema digestivo!

**Regla número tres:** ¡Recoge sus juguetes! Está bien si eres la persona que saliera y le comprara los 50 juguetes que necesitaba. Sin embargo, así como es importante cómo se sube a los muebles y cómo obtiene su comida, también es importante cómo obtiene sus juguetes.

En este capítulo, estaremos hablando de construir una base sólida para la relación en crecimiento con tu perro. Los juguetes son una forma maravillosa de vinculación, pero esta forma de vinculación puede ser menos valiosa para el perro si puede levantar, masticar y jugar con sus juguetes a voluntad. El tiempo de juego debe tener un comienzo y un final decididos solo por ti. Al igual que el entrenamiento, el tiempo de juego debe ser breve y divertido. El juego de tira y afloja es un gran ejemplo de un juego de construcción de vínculos. Sin embargo, si recogen un juguete y te lo traen y empiezas a jugar... ¿no te acaban de mandar? ¡Ahora estás siendo entrenado por tu perro! Tener los juguetes de tu perro para que lo recoja cuando quiera es muy parecido a lo que sucede con los niños con muchos juguetes para jugar. Empiezan a perder su valor. Pero cuando mamá o papá sacan un juguete especial con el que solo pueden jugar cuando lo sacan mamá o papá, ese juguete se convierte en el juguete más valioso incluso con otros 49 juguetes a su alrededor.

Tenga un baúl de juguetes o una caja en la que pueda guardar todos sus juguetes y saque un juguete para jugar todos los días varias veces al día. Por ejemplo, quieres jugar al tira y afloja, sacar el juguete y decirle a tu perro: "¿Quieres jugar?" o "¡Hora de jugar!" o cualquier frase que desees para indicarle a tu perro el comienzo del juego. Juega con él durante 15-20 minutos y luego toma el juguete y guárdalo. También necesitarás una frase para señalar el final del tiempo de juego, como "Fin del juego". O "No más". Mientras juegas al tira y afloja, no creas el mito de que nunca debes dejar que el perro gane. ¿Quieres jugar a un juego en el que nunca ganas? Probablemente no. No le harás pensar que tiene una clasificación más alta que tú, siempre y cuando haya seguido correctamente todas estas reglas. En todo caso, aumentará su confianza y te verá cómo alguien que lo fortaleció.

**Regla número cuatro:** ¡Permanezcan juntos! Cuanto más tiempo pase tu perro contigo, mejor, especialmente mientras se están conociendo. Aunque todavía no puedes llevar a tu perro de servicio a todas partes, es importante que mientras esté en casa esté contigo tanto como sea posible. Esto asegurará que conozcan todos sus patrones habituales y sabrán exactamente cuándo algo anda mal. Como he dicho antes, los perros se basan en la rutina y el orden de los eventos para decidir qué es lo que vale la pena recordar. Si estás con tu perro todo el tiempo, esto te dará una mejor imagen de lo que es regular e irregular en su comportamiento. Más adelante en el libro, discutiremos el análisis funcional * en lo que respecta al comportamiento de tu perro. Sin embargo, muchas personas no piensan en cómo los perros usan la misma técnica con nosotros, y por eso es una herramienta eficaz a la hora de modificar el comportamiento de un perro porque procesan la información de la misma manera. Cuando un perro ve el comportamiento y lo que lo provoca, como que alguien con TEPT tenga un ataque de pánico (comportamiento) cuando se encuentra en un entorno donde la gente está abarrotada (lo que lo provoca), entonces responde sin que se le diga que lo haga. para detener el comportamiento. Es posible que al perro se le deba decir qué hacer al principio, pero pronto se dará cuenta cuando vea indicios consistentes de cuándo va a ocurrir el ataque de pánico. Si el perro no está lo suficientemente cerca de su pareja, no tendrá una referencia clara en blanco y negro para actuar.

Esto también nos lleva al tema del trabajo frente a la tarea. Hablaremos más sobre esto en el capítulo final de este libro, pero me gustaría repasar la diferencia entre los dos, para que pueda pensar en más ejemplos por su cuenta que se apliquen a su discapacidad específica y la importancia del número de regla. cuatro para ti.

**La labor:** Un comportamiento o acción que un perro exhibe por sí solo para alertar a su dueño de algo.

Algunos perros están entrenados para recordarles a sus dueños que deben tomar los medicamentos en un momento determinado. Los perros de asistencia auditiva notificarán a su pareja que hay alguien en la puerta o que el teléfono está sonando. Aquí es también donde entra en juego el término desobediencia inteligente. Un ejemplo de esto es, lo que mencionamos anteriormente, un perro no está permitido en los muebles, pero si su dueño tiene un ataque de pánico, entiende que se prioriza por encima de las reglas de la casa como excepción. Solo entonces se les permite en la cama. En primer lugar, es posible que haya que decirle al perro qué hacer en la situación, pero comprenderá rápidamente su función y realizará su deber sin guía. Parte del trabajo de su perro consiste en centrarse en usted. El tiempo juntos solidifica este deber, junto con el entrenamiento y los ejercicios de vinculación. ¡Más sobre eso en el próximo capítulo!

**La tarea:** Un comportamiento o acción que realiza un perro en base a la orden dada por su dueño para mitigar su Discapacidad.

Un ejemplo de esto es alguien en silla de ruedas que ha dejado caer su teléfono y no puede volver a levantarlo. A continuación, pueden pedirle a su perro que "lo coja" o que "coja el teléfono", y el perro lo cogerá con cuidado y se lo entregará. ¡Tómate un momento para pensar en las tareas que te gustaría enseñarle a tu perro! Con suerte, cubriremos al menos uno que necesitará, incluido el mencionado en este ejemplo anterior.

**Regla número cinco:** Sujete a su perro con correa. Al menos durante la primera semana, debes llevar correa a tu perro en todo momento. Esto no solo ayudará en la regla de permanecer unidos, sino que también le permitirá eliminar los comportamientos no deseados de raíz. Comportamientos como masticar, tirarse a la basura, saltar sobre muebles y saltar sobre otras personas, solo por nombrar algunos. Corregir los comportamientos no deseados es la mitad de la batalla. También es importante recompensar a su perro por tomar la decisión correcta en un caso en el que tuvo la oportunidad de comportarse mal y decidió no hacerlo. Lo que nos lleva a la regla dentro de esta regla; mantén golosinas contigo o en áreas accesibles alrededor de tu casa para momentos como este. Al igual que los niños, los perros siempre están mirando y aprendiendo. ¡No pierda la oportunidad de recompensar esos comportamientos deseados!

Tu perro necesitará acostumbrarse a la correa como si fuera parte de su cuerpo porque la usará mucho durante su entrenamiento. En un momento durante la prueba de acceso público, deberá soltar la correa y volver a levantarla. El perro debe ser consciente de que la correa se ha caído y permanecer cerca de usted. Este es un buen momento para practicar la insensibilización* de su perro a esta acción para que no signifique nada para ellos cuando la practique en público.

Finalmente, **Regla número seis:** Umbrales. Otra regla que le servirá durante su prueba de acceso público es cómo usted y su perro atraviesan los umbrales. Esto será más fácil si se combina con la regla número cinco. Cuando atraviesa una puerta, es importante que pase primero y luego su perro lo siga. Esto, por supuesto, tiene la excepción si su perro necesita tirar de su silla de ruedas a través de la puerta si es necesario. Cuando él / ella no esté atado y usted esté caminando fuera de la casa, primero debe atravesar la puerta y luego "autorizar" a su perro para que cruce el umbral. Si su perro está en una jaula (ya sea en la casa o en el automóvil), tampoco debe salir de la jaula al abrir la puerta. Para contrarrestar esto, puede abrir la puerta de la caja lentamente y si él / ella intenta empujar, cierre la puerta rápidamente. La idea es similar a caminar con una correa (que abordaremos en un capítulo posterior). Su perro tiene una agenda egoísta (en este caso, salir de la jaula a su tiempo), y es su responsabilidad redirigir su atención hacia usted. Si él / ella está enfocado en salir de la jaula, no está enfocado en ti. Es posible que tenga que volver a cerrar la puerta varias veces antes de que él / ella esté esperando en silencio su comando "libre". Este cambio de enfoque nos lleva a nuestro próximo capítulo.

**¿Te gusta lo que estás leyendo? ¿Quieres escuchar esto como un audiolibro? ¡Haz clic aquí para obtener este libro GRATIS al unirte a Audible!**

https://adbl.co/2Nw1wg1

# CAPITULO 4
*Compromiso con el Entrenamiento*

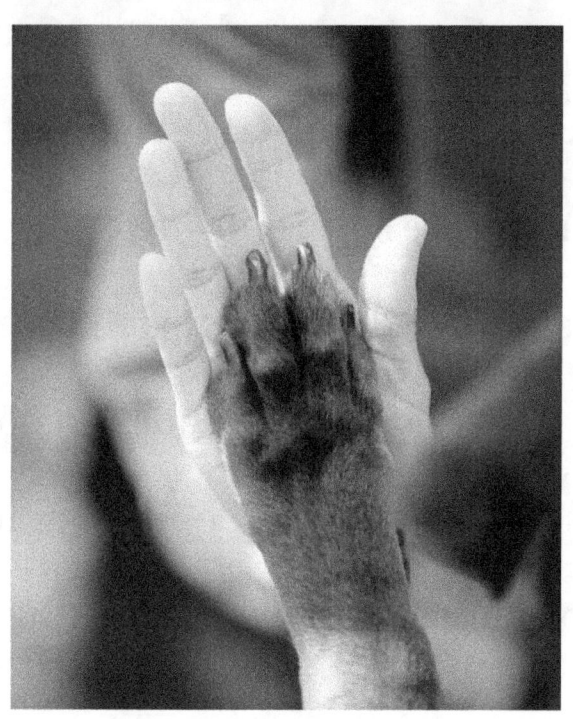

Cuando la mayoría de la gente piensa en entrenar a su perro, piensa en lo obvio: sentarse, pararse y venir. Muchas personas asumen que si les enseñan a sus perros a sentarse, se sentarán cuando se les diga, y si no se sentaron, o son tercos o no los escucharon. Si bien hay perros obstinados (que, por cierto, son difíciles de entrenar pero que son perros muy obedientes una vez entrenados adecuadamente), muchos perros simplemente no están interesados en lo que les estás preguntando y, en una escala mayor, no lo están. interesado en ti. Los perros son animales vivos que respiran con deseos y un cerebro que opera con libre albedrío, como tú y yo. No son robots que pueda programar una vez y luego esperar que mantengan cualquier nivel de entrenamiento que no practique habitualmente. Como nosotros, requieren estimulación mental recurrente, ¡y debería ser divertido! Si no es divertido, perdemos interés. Si a su perro se le permite jugar solo, entonces él / ella puede ganar independencia lejos de usted, y usted no tendrá el nivel de concentración requerido por un perro de servicio. Actividades como correr con una pelota, nadar, masticar un hueso o cualquier cosa que sea gratificante puede quitar el vínculo y el compromiso que está tratando de construir.

Para reiterar, su perro de servicio deberá estar completamente concentrado en usted en público; esto es parte de su trabajo. Las distracciones, incluidas las personas que llaman su atención, otros perros, ardillas, ciertos olores, etc., podrían comprometer el deber de su perro de mitigar su discapacidad. Imagínese si su pierna protésica se desprendiera y saliera corriendo para investigar otra pierna. Te caerías.

Entonces, ¿cómo le demuestras valor a tu perro, haciéndote más interesante e importante que esa persona desagradable que está silbando y haciendo clic en tu perro para llamar su atención? ¡Entrenamiento de compromiso! Estos juegos que estoy a punto de compartir contigo le enseñarán a tu perro a concentrarse, lo que te será útil cuando comiences a enseñarle su obediencia y sus tareas. Discutiremos esto con más profundidad más adelante en este capítulo. ¡Por ahora, tenemos que cargar la marca *!

Los perros ven el mundo como hojear un libro de imágenes, mientras que los humanos ven la vida más como una película. Los aspectos más destacados del día del perro se almacenan en estos álbumes de fotos, para que pueda recordarlos. Cada vez que marcamos un comportamiento con una recompensa o una reprimenda, el perro "toma una fotografía" de ese momento y la guarda en su libro mental. Podemos aprovechar este proceso de pensamiento creando un ruido (como un clicker) o diciendo una palabra que se asociará positiva o negativamente. Una gran regla general aquí es no decir nunca la palabra que marca a menos que planee pagarle a su perro. ¿Qué le parecería que su jefe le dijera que tiene dinero para usted y luego le dé un máximo de cinco?

**Cargando la marca:** Como se dijo, una marca puede tener la forma de un clicker, un silbido, un cloqueo o una palabra. Personalmente, uso la palabra "¡Sí!" pero puedes usar lo que quieras. A los efectos de explicar, utilizaré *clic*.

- Proporcione 1/3 de la ingesta diaria de su perro. Si planeas hacer más de tres sesiones ese día, divídelo adecuadamente (5 sesiones 1/5, 6 sesiones 1/6, etc.) ¡Queremos que tu perro tenga hambre y esté dispuesto a concentrarse en lo que tienes!

- ¡Tenga listo su clicker o aclare su garganta!

- Lleve a su perro con una correa a un área tranquila con mínima o ninguna distracción. Sugiero una habitación en tu casa o en el patio trasero para empezar. Más adelante agregaremos distracciones, pero por ahora, hagámoslo más fácil.

- Comience la sesión diciendo una frase para indicarle a su perro que ha comenzado una sesión de entrenamiento. "Vamos a trabajar" es algo común, pero puede ser cualquier cosa que desee.

- Tenlo frente a ti con golosinas en tu bolsillo (sugiero comprar una bolsa de golosinas para hacer tu vida más fácil).

- Haga clic y recompense. Repetir. De nuevo. Hazlo un poco más. Pronto, la golosina podrá llegar en cualquier período de tiempo después del clic; sin embargo, por ahora, debemos dejarle muy claro a su perro que la marca (clic) = la recompensa. Imagínese el clic como el obturador de la cámara del cerebro de su perro que recopila los aspectos más destacados / imágenes de esa sesión. Para hacer esta conexión, la comida DEBE venir simultáneamente con la marca.

- El objetivo final de esta práctica debe ser que su perro gire la cabeza cada vez que escuche su marca.

- Esto puede tardar unas 6 sesiones. Si su perro no está moviendo la cabeza CONSISTENTEMENTE cuando oye la marca, no continúe.

- SIEMPRE termine con una buena nota. Premie el último clic con un premio mayor (una mayor cantidad de comida o comida con un valor más alto para su perro individual, como rosbif, queso, salchichas, etc.)

- Déjele en claro a su perro que la sesión ha terminado diciendo una frase final. Mucha gente dice "Todo listo" o "Terminado".

**Reconocimiento del nombre:** En este capítulo, discutiremos muchas formas diferentes de enseñarle a su perro cómo aprender y enfocarse en usted. Este es un gran punto de partida. El nombre de su perro debe ser como una campana para que escuche más instrucciones. Demasiadas personas lo dicen sin quererlo, lo que hace que su nombre sea un ruido de fondo. Si el nombre de su perro no significa nada para ellos, lo más probable es que no reaccione cuando sea más importante. De la misma manera, muchas personas hacen una asociación negativa con el nombre de su perro al usarlo para reprenderlos. Esto crea evitación cuando escuchan su nombre. Para causar una asociación positiva con el nombre de su perro, debemos destacarlo. ¿Como hacemos eso? ¡Lo adivinaste! ¡Marcando su nombre!

- Comience de la misma manera que lo hizo con la carga de la marca y manténgala atado. Utilice la misma área que utilizó en la sesión anterior. (Cada vez que agregue algo nuevo, debe emparejarlo con algo antiguo).

- Di tu frase de comienzo.

- A continuación, di el nombre de tu perro y espera a que te mire. NO repitas el nombre de tu perro, esto solo hará que tu marcador sea menos claro y se volverá más insensible a su nombre.

- Tan pronto como te mire, haz clic y recompensa. En este punto, su perro sabe que el marcador equivale a la recompensa. Esto significa que ahora puede tomarse su tiempo para llevarle la golosina a la boca. Pero el marcador DEBE venir simultáneamente con el comportamiento deseado.

- Si no te mira de inmediato, da algunos pasos hacia atrás o abre su correa ligeramente para llamar su atención.

- Use la frase que eligió para cerrar la sesión una vez que se le hayan acabado las golosinas.

- Si después de algunas sesiones todavía no responden inmediatamente a su nombre, use cualquier técnica (trotar hacia atrás o hacer estallar su correa) que funcionó previamente al unísono con su nombre. Por ejemplo, si abrir la correa le funcionó, puede abrir la correa y decir su nombre. Como regla general al probar la progresión, tres viejos y luego uno nuevo. Tres veces apareciendo al unísono con su nombre, una sin él. Haga esto varias veces hasta que sea consistente.

- ¡Termine con un gran premio!

- Señale el final con su frase de cierre.

**Perseguir comida/perseguir al líder:** Ha llegado el momento de que empiecen a participar realmente! Este ejercicio ayudará a desarrollar sus habilidades para atraer. Más adelante en este libro, hablaremos más sobre la atracción cuando analicemos la obediencia. Por ahora, todo lo que necesitas saber es que la habilidad no es tan natural como crees. ¡Este ejercicio también les dejará en claro que siempre serán recompensados mientras sigan intentándolo! Que dulce.

- Comience la sesión en un entorno sin distracciones. Él / ella debe estar con correa.

- Señale el inicio de su sesión con la frase elegida.

- Sostenga la comida en su mano con el puño cerrado para que no puedan arrebatárselo.

- Empiece a apartar la mano de la cara del perro retrocediendo y atrayéndolo con usted.

- Después de unos pocos pasos, haz clic y abre tu mano, dándole el premio.

- Continúe con esto pero cree rompecabezas cada vez más difíciles. Por ejemplo, al principio, puede hacer que sigan su mano durante un largo período de tiempo.

- Aumente la dificultad aún más haciendo que sigan su mano hacia objetos como cajas o escaleras de mano. Recompénselos por sus esfuerzos y los éxitos del premio mayor.

- Otra dificultad, lo creas o no, es dejar que sigan tu mano en un círculo para que giren. Tómatelo con calma y recompensa el esfuerzo (medias vueltas).

- Diviértete y sé creativo con esto. Vea cuánto tiempo intentará su perro obtener la comida de usted y recompense justo antes de eso. Cree la duración en incrementos, generando así confianza y confirmando que los está construyendo.

- ¡Termine la sesión con una buena nota, premio gordo y dé su frase final!

**Juego de Enfoque en el Objetivo:** ¡Este será un juego divertido y muy importante para tu perro de servicio y para ti! La focalización lo ayudará más adelante en este libro cuando comencemos a enseñar tareas, ya que es la piedra angular de la mayoría de sus fundamentos. Una vez que tengas a tu cachorro siguiendo tu mano, esto será pan comido.

- Comienza tu sesión como cualquier otra.

- Con una mano vacía, extiéndase frente a su perro a unas 6-12 pulgadas de su cara, para que quede claro si muestra la atención de la mano.

- Una vez que muestren algún tipo de atención a su mano, haga clic y recompense.

- Luego pida más pero no recompense el comportamiento previamente aceptado. Si ha hecho el resto de los juegos correctamente, no debe darse por vencido, sino esforzarse más.

- Espere a que toque la mano, haga clic y gane la progresión positiva.

- Si tiene dificultades con los pasos cuatro y / o cinco, intente colocar un trozo de comida debajo de su pulgar para incitar a su perro a investigar. Una vez que lo hagan, haga clic y suelte la comida oculta de su mano. Repita esto tres veces, y luego en la cuarta repetición, no hay comida escondida, pero aún reciben un clic y son recompensados con su otra mano. Esta solución de problemas no suele tardar mucho.

- Profundicemos en los premios grandes. Hasta ahora, ha establecido cuál es el premio mayor para su perro. Afortunadamente, a los perros les gusta jugar y les resulta emocionante y divertido. Una vez que su perro toque su mano constantemente, déjelo que lo haga unas cuantas veces antes de su recompensa. Es la misma razón por la que la gente va a las máquinas tragamonedas. Están felices de tirar de esa palanca todo el día, gastando una fortuna por la posibilidad de ganar el premio gordo. Varía las veces que lo haces. En otras palabras, no lo hagas en la cuarta repetición cada vez; mezclarlos creará ese factor emocionante para ellos. Esto también lo ayudará en el futuro cuando comencemos a dejar que se le premie por todo.

- Recuerde detenerse cuando quieran continuar. De esta manera, los dejas con ganas de más. Haciéndolos aún más ansiosos por la próxima sesión.

**Agregando distracciones:** Ahora que su perro se ha involucrado con éxito con usted, podemos agregar pequeñas distracciones. Considere lo que se encontrará en público e incorpórelo al entorno en el que ha estado entrenando constantemente. Por ejemplo, pídale a un amigo o familiar que imite los comportamientos que el público puede hacer, como aplaudir, silbar, chasquear la lengua, etc. Con un chaleco para perros de servicio, muchas personas no se darán cuenta de la importancia que tiene la atención de su perro hacia usted. Todo lo que puede hacer es aceptarlo y prepararse lo mejor que pueda.

- Comience como lo haría para cualquier sesión y con correa.
- Comience sin distracciones y diga el nombre de su perro, haga clic y recompense.

- A continuación, crea la distracción. Haz que un amigo o familiar aplauda una vez, y cuando el perro ponga su atención en ellos, di su nombre y cuando te miren, haz clic y gana el progreso.

- No se preocupe si no miran de inmediato; puede llevar tiempo. Solo recuerda no repetirte.

- Una vez que estén redirigiendo constantemente su atención del aplauso hacia ti, cámbialo y haz que tu ayudante silbe o cliquee.

- Una gran distracción para los perros es cuando las personas se agachan a su nivel de manera atractiva. Lo más probable es que se encuentre con algunas personas que sientan que está bien hacerle esto a un perro extraño, y mucho menos a un perro de servicio que trabaja.

- Da pequeños pasos en este entorno y luego, después de algunas sesiones de éxito constante, pruebe esto en una caminata. ¡La mayor distracción que tienen los perros es su nariz!

**Juegos de Construcción de Confianza:** Otra forma de crear un vínculo con tu perro es ser su líder. Me refiero a esto en el sentido de que los construyes. Cuantas más respuestas correctas tengas y más relacionen ellos con su confianza alcanzando nuevos niveles, más apegados se volverán a ti. Una vez me asignaron a un labrador chocolatero llamado Drake, que al principio era muy tímido. Mi pensamiento inmediato fue que a Drake no le iría bien en un entorno público. No podía caminar sin escabullirse, estaba bajo de peso debido al estrés, y si le dabas una orden, se congelaba y se paralizaba de miedo, todas las cosas que te advierto al seleccionar un perro de servicio. (No tome esta historia como una excepción al adorable perro petrificado que vio en el refugio. Drake era un caso especial y necesitaba ayuda profesional).

Decidí en contra de mi mejor juicio que Drake merecía más. Incluso si lo hubiéramos colocado en un hogar de mascotas, su calidad de vida sería mala. Así que le di un período de prueba de dos semanas. Si no veía ninguna mejora en el transcurso de dos semanas, sería eliminado como mascota. Comencé a pasar tiempo caminando con él y atrayéndolo a que obedeciera sin darle ninguna orden. Estos fueron simples ejercicios de participación. Estaba más feliz pero todavía dudaba de sí mismo. Se daría por vencido fácilmente cuando seguía la comida en mi mano y regresaría a su jaula para aislarse. Poco a poco, lo fui recompensando por tocar mi mano y luego empujar mi mano. Cuando él se sintiera cómodo con eso, yo daría un paso atrás, y si me seguía, ¡se llevaría un premio gordo! A Drake le estaba empezando a gustar este juego. ¡Él fue bueno en eso! Comenzó a solicitar jugar el juego en el que era hábil. Lo pensaba constantemente y su estado de ánimo mejoraba cuando jugaba a estos juegos de perseguir comida. Su cola estaba levantada; rebotaba y, en general, era un perro notablemente diferente y más feliz. Decidí convertir los comandos en algo divertido para y de lo que él pudiera estar orgulloso.

Para borrar su estigma sobre las órdenes, cogí una escoba larga de madera y la coloqué en el suelo. Lo engañé (su juego favorito) sobre la escoba, y al principio dudó, pero luego dio el salto. ¡Había alcanzado una nueva marca personal! Le dejé hacer esto un par de veces mientras veía crecer el orgullo dentro de él. Una vez que fue realmente bueno en eso, agregué la palabra "saltar". ¡Drake ahora estaba aprendiendo que la obediencia puede ser divertida! Comencé a levantar la escoba ligeramente en ángulo para que él pudiera elegir la altura que quisiera, pero mantuve la comida con la que lo estaba atrayendo cerca de mí (y la parte más alta del salto de la escoba). Comenzó a tener más confianza cuando decidió acercarse a la golosina para recibirla más rápido. ¡Ahora estaba saltando hasta las rodillas! Luego levanté la escoba de nuevo para que solo pudiera saltar a la altura de las rodillas. Este cambio visual lo intimidó por un momento, pero con palabras de aliento, dio el salto y felizmente tomó el premio. En poco tiempo, la altura de la rodilla no era nada para él. Ahora era el momento de ponerse serio. Levanté la escoba tan levemente cada vez que la saltaba hasta que llegó a un punto en el que comenzó a dudar de sí mismo nuevamente. Tenía razón al dudar de sí mismo; ¿Cómo se suponía que iba a saltar una escoba por encima del nivel de sus ojos en un punto muerto? Drake sabía una cosa, no lo había defraudado ni una vez, y siempre lo había logrado. Estudió la altura durante unos veinte segundos y luego dio un literal acto de fe. Rápidamente bajé la escoba mientras él saltaba sobre ella, asegurándome de que la despejara por completo. Si hubiera intentado saltar esa altura desde donde estaba, habría fallado. ¡Sin embargo, Drake aterrizó en el otro lado y ni siquiera se preocupó por recibir su recompensa! Explotó de emoción y comenzó a girar en círculos, meneando la cola y lamiendo. Le ofrecí su obsequio, y él lo tomó y luego continuó regocijándose. La próxima vez que lo probamos a ese nivel, no dudó en absoluto, y volví a bajar la escoba.

Después de este ejercicio y muchas lecciones de obediencia, ¡fue mi mejor perro de servicio! Podía llevarlo a cualquier lugar en público, su atención estaba completamente en mí, y su cabeza y cola siempre estaban en alto. Ahora hacía cabriolas cuando caminaba en lugar de escabullirse. Pasó de esconderse en su jaula para aislarse a seguirme a todas partes y a cualquier lugar sin correa, afuera e interesado en todo lo que estaba haciendo. ¡Estaba constantemente buscando formas en las que podría involucrarse porque todo lo que hacíamos juntos lo fortalecía! Mi objetivo para contar esta historia es, una vez más, no instarlo a elegir un perro que necesite rehabilitación porque la verdad es que no tengo la historia de Drake sobre por qué vino a mí como un caparazón de sí mismo, y podría haber muchas razones. Es posible que algunos perros no se recuperen como lo hizo Drake, y esto podría generar mucha frustración durante su entrenamiento. Mi punto al contarles esta historia es ilustrar el poder de la formación de confianza y el entrenamiento de participación y el impacto que puede tener en la relación entre usted y su perro.

¿Crees que Drake se había encontrado alguna vez con alguien que pasaba ese tiempo con él y hacía esos ejercicios aparentemente extraños con él? No, lo más probable es que no. Sin embargo, se volvió adicto a él. No hizo lo que estábamos haciendo, "sí, mamá me pide que haga cosas raras como saltar sobre escobas, ¡pero soy genial en eso!" la verdad es que cuanto más extrañas y peculiares le muestras a tu perro, más seguro se vuelve. Por ejemplo, no hay ninguna razón real por la que su perro deba mantener el equilibrio en una boca de incendios, eso es extraño, pero lo preparará para cosas extrañas en la vida. ¡Cuanto más fuera de lo común sea la vida de su perro, más experiencias nuevas no lo detendrán!

Una excelente manera de comenzar con esto es mediante el uso de equipos de agilidad. La agilidad es un gran deporte de equipo para que usted y su perro lo practiquen juntos. Si no puede realizar cursos de agilidad por completo, basta con utilizar el equipo. Los obstáculos como el marco en A, el balancín, la pasarela y, por supuesto, los saltos son una forma fantástica de presentarle a tu perro los comportamientos extraños. Todos estos requieren equilibrio y concentración, por lo que el éxito con ellos será gratificante para su perro y fortalecerá su confianza.

**El sube y baja:** El sube y baja es una manera fantástica de desarrollar la confianza de su perro. El equilibrio mezclado con una superficie en movimiento representa un desafío para la mayoría de los perros y, por lo tanto, crea la oportunidad perfecta para aumentar su autoestima.

- Comience con su frase inicial para que su perro sepa que es hora de resolver un problema y aprender.

- Atraiga a su perro con comida a la parte baja del sube y baja. (La parte que está en el suelo)

- Haga clic y recompense tan pronto como lo toquen.

- Anímelo a trepar más hasta que tengan las cuatro patas sobre el obstáculo. ¡Premio grande!

- A continuación, recompénselo por los pasos (grandes o pequeños) hacia la cima. Deténgase en el medio y llévelo al premio gordo.

- Cuando se sienta notablemente cómodo a esta altura, mueva la tabla con la mano de manera controlada y sutil. No lo mueva demasiado rápido ni demasiado hacia abajo.

- Si su perro salta, simplemente haga que vuelva a subir.

- Solo haz que se acostumbre a estar en el medio y hacer que la tabla se mueva.

- Una vez que se sienta cómodo con esto, mueva lentamente la tabla hacia abajo y observe la reacción de su perro a esto.

- Usa tu criterio para saber cuándo debes detenerte, haz clic y recompénsalo por permanecer ahí.

- Tu objetivo es mover la tabla hasta el suelo lentamente y aumentar gradualmente la velocidad.

- Una vez que su perro se sienta cómodo con una velocidad relativamente rápida, llévelo al otro lado de la tabla para que sea él quien la empuje hacia abajo.

- Atráigalo lentamente y recompénselo tan pronto como mueva el tablero.

- ¡Pronto su perro estará corriendo por el sube y baja!

Por favor no avance más en el libro hasta que pueda captar con seguridad la atención de su perro y mantenerla. Mantenga un juego por sesión, pero haga algunos juegos diferentes al día. Esto lo mantendrá emocionante para tu cachorro.

**¿Te gusta lo que estás leyendo? ¿Quieres escuchar esto como un audiolibro? ¡Haz clic aquí para obtener este libro GRATIS al unirte a Audible!**

**https://adbl.co/2Nw1wg1**

# Capítulo 5
*Obediencia*

Felicidades por estar un paso más cerca de este emocionante viaje con tu perro de servicio. Antes de comenzar con su primer comando, analicemos las pautas generales para enseñar y mantener estas lecciones.

- Nunca diga su palabra de marcador (o haga clic en su clicker) sin seguirla con una recompensa.

- No dé una orden que no pueda reforzar.

- Cuando enseñe algo nuevo, combínelo con algo antiguo.

- No avances hasta que tu perro tenga cien por ciento claro como el cristal el paso anterior.

- Trate de no repetirse; sólo confunde al perro y hace que se desconecte de ti.

- Cuando le dé su marcador, su perro debe permanecer en posición para recibir la recompensa.

- Mantenga las sesiones cortas (10-15 minutos).

- En caso de duda, vuelva al último paso en el que se destacó su perro.

- Si se siente frustrado, termine con una buena nota y vuelva a leer la lección más tarde. Estar frustrado solo deteriorará la comunicación entre usted y su perro.

Usted y su perro de servicio en entrenamiento han realizado un viaje muy gratificante y sin estrés hasta ahora cuando se trata de entrenamiento de compromiso y confianza. Es importante que ambos sean fuertes porque están a punto de ser probados. A medida que le pida más a su perro, es muy probable que se sienta presionado. Lo notarás cuando rechace la comida cuando se congele, o si encuentra más interés en otras cosas a tu alrededor durante el entrenamiento. Si esto sucede, devuelva a su perro a los conceptos básicos de los juegos de compromiso. Haz que interactuar contigo sea un juego de nuevo. Cuando regreses a su obediencia o adiestramiento de tareas, comienza más lento y relajado s tu perro está teniendo problemas. Este no es un tema urgente y todos los perros aprenden a diferentes velocidades. Aceptar esto hará que tu entrenamiento comience a acelerarse. Reconozca que su bebé (mentalidad de niño humano de tres años) necesita pequeños pasos y usted es su líder. Establezca micro objetivos para su perro y recompénselo por lograr esos objetivos. Si tiene problemas para enseñarle a girar, por ejemplo, recompénselo por seguir su mano primero. A continuación, establezca la meta de que él o ella siga su mano detrás de ellos y solo recompense por doblar el cuello en la dirección correcta. Pronto, los pasos de su bebé se convertirán en un movimiento fluido y, finalmente, ¡su perro dará vueltas rápidamente! Los pasos de bebé deben considerarse a gran y pequeña escala. A pequeña escala, tenemos una gran cantidad de pequeños pasos que conducen a una acción. Sin embargo, a mayor escala, cada nueva acción que su perro aprenda (y aprenda correctamente) lo ayudará a convertirse en un perro de servicio completo y obediente. Para cerrar esta brecha de obediencia al compromiso, usaremos un juego que incluye ambos pero es pesado en el lado del compromiso. ¡Pequeños pasos! ¡O debería decir, pasos de cachorro!

**Caminar con la Correa Suelta:** Cuando esté en público, su perro debe permanecer a su lado (a menos que una tarea requiera que se aleje brevemente de su lado). Es posible que el comienzo de este proceso no tenga sentido para usted, pero la idea es darle a su perro un entendimiento claro como el cristal de que debe seguirlo y, cuando está con una correa, no está a cargo de a dónde van (como seguir al líder). ). Esto le resultará muy útil cuando realice la prueba de acceso público.

- Al principio, no necesitará golosinas para este ejercicio.
- Engancha a tu cachorro con una correa de aproximadamente cinco pies.
- Déjelo golpear el extremo de la correa (con usted sosteniendo el extremo de la correa, dándoles el largo completo) y tan pronto como lo hagan, cambie de dirección bruscamente.

- La idea detrás de esto es que el perro pensará que es el líder hasta que cambies de dirección, sorprendiéndolo, sin darle otra opción que seguirte.

- Asegúrese de caminar en línea recta para que su perro vea en blanco y negro lo que es correcto e incorrecto.

**Solución de problemas:** Si tu perro se niega a seguirte cuando cambias de dirección, espéralo. No les digas nada, pero mantén una presión constante sobre la correa. Mantenga la calma y, finalmente, cederán. Esto requiere paciencia. Recompénselos con una golosina una vez que cumplan.

**Solución de problemas:** Si su perro no está caminando sobre la línea (usted parece estar caminando en círculo), cuando cambie de dirección, hágalo en la dirección opuesta a donde está tirando su perro.

- Una vez que comiencen a no golpear el extremo de la correa, comience a cambiar de dirección aleatoriamente. No camine la misma cantidad de pasos cada vez. (Su perro predecirá los giros con bastante rapidez).

Sorprenderlos les hará creer que tienen que concentrarse en usted para saber a dónde tienen que ir.

- A medida que avanzan lentamente, tome la correa pie a pie hasta que estén a su lado. Lo más probable es que llegue bastante rápido con consistencia.

- Para que sea más fácil, en este punto, elija un lado en el que desea que su perro esté la mayor parte del tiempo al caminar.

**Sentarse:** Siéntate, uno de los comandos más básicos que puedes enseñar, será más útil cuando estés en la fila. Además de esto, es un gran primer comando para enseñarle a su perro. ¿Recuerdas los juegos de señuelos que le enseñamos a tu perro? ¡Esto ahora entrará en juego!

- Para ello necesitará golosinas.

- Empiece con su frase inicial.

- Tenga a su perro frente a usted con una correa.

- Sostenga la comida en su puño y llévela a su nariz; usando la comida como un imán, atraiga la nariz de su perro hacia arriba para que mire hacia arriba. Esto creará una posición incómoda para que el cuello de su perro se mantenga durante un largo período de tiempo y compensará la molesta posición en la que se sentará para enderezar la columna vertebral.

- Tan pronto como su trasero toque el suelo, haga clic y suelte la comida.

- Repita varias veces, recordando el progreso del premio mayor.

- Al principio, los recompensará todo el tiempo.

- ¡Premie las buenas intenciones! Una vez que haya hecho algunas repeticiones, su perro puede comenzar a ofrecerle el comportamiento que ha estado practicando. Si le da el comportamiento sin que usted se lo pregunte (mientras le enseña el comportamiento), ¡dele el premio grande! Esto significa que tiene toda su atención y su perro está asimilando lo que le estás comunicando.

- Termine con una buena nota y un gran premio, y use su frase de cierre.

- Después de que esté sentado de manera predecible sin que usted tenga que atraerlo, ¡agregue la palabra!

- Sostenga la golosina en su mano normalmente; si intenta ir por la golosina, no apartes tu mano. Algunos perros pueden ver esto como un juego, como el juego de atraer.

- A continuación, diga la palabra siéntese y espere a que lo haga. Cuente hasta aproximadamente 5, y si todavía tiene problemas para entender lo que le estás pidiendo, mueva lentamente la mano con la golosina hacia él como si fuera a atraerlo. Una vez que vea esa imagen, se dará cuenta de que le está pidiendo que se siente. Deje que su trasero toque el suelo e inmediatamente haga clic.

- El objetivo es no atraer nada. La mayoría de las veces, el perro dejará de esperar a que lo atraigas y simplemente te adelantará sentándose, obteniendo así el premio más rápido.

- Una vez que él / ella domine el sentado, entonces puedes comenzar a variar sus recompensas y dejar de pagar por las buenas intenciones. En otras palabras, solo premie cuando diga "siéntese".

- Después de esto, comience a pedir "sentarse" mientras está de paseo y avanza en el progreso.

**Abajo:** Uno de los comandos más utilizados será abajo. Es probable que lo use cada vez que vaya a sentarse en cualquier lugar o esté en un mostrador en algún lugar durante un período prolongado de tiempo.

- Comience como lo haría con cualquier lección con un nuevo comando.

- Vamos a utilizar señuelos de nuevo!

- Asegúrese de que estén en posición de pie. Un perro que aprende a tumbarse de una sentada solo entenderá cómo hacerlo si ya está sentado. Tiene lo que se llama propiocepción deficiente, y hablaremos de ello en solo un minuto.

- Esta vez, lleva la golosina de la nariz al suelo. Cuanto más intente conseguir el premio, mejor. ¡Así que asegúrate de que tenga hambre!

- No mueva la mano y no le hable a su perro. Solo lo distraerás mientras intenta descubrir cómo abrir tu mano.

- Él / ella compensará la posición incómoda bajando el cuerpo para enderezar la columna. Una vez que su trasero y sus codos toquen el suelo, haga clic y recompense.

**Solución de problemas:** si su perro se rinde fácilmente, comience a recompensar el interés por la golosina. De esta manera, su perro no perderá la esperanza y le estará diciendo que está en el camino correcto.

**Solución de problemas:** si su perro se concentra en la tarea pero tiene dificultades para resolver este rompecabezas, puede recompensarlo por sus esfuerzos recompensándolo en incrementos.

- Tener paciencia. Esta no es una carrera, y cuanto más tiempo le dé a su perro para resolver el problema, más lo comprenderá.

- ¡Termine su sesión como lo haría con cualquier otra, con una buena nota y con un premio mayor!

Anteriormente, mencionamos la propiocepción. Esta es la conciencia y percepción de la posición del cuerpo y sus movimientos. La mayoría de los perros tienen una pobre propiocepción; por lo tanto, pueden tener la incapacidad de generalizar "sentarse" como una acción que se puede realizar en cualquier lugar desde cualquier posición. Estas diferentes combinaciones deben enseñarse.

**Solución de problemas:** si su perro se congela y aparentemente "olvida" mirarlo con una mirada en blanco, simplemente muévase un metro hacia la izquierda o hacia la derecha y vuelva a intentarlo. Esto restablece el cerebro del perro, ya que no hace bien la multitarea. Puede sonar extraño, pero caminar tres pies hacia la izquierda o hacia la derecha es una tarea para ellos, lo que significa que cuando tienen que volver a la tarea real que tienen entre manos, su mente está fresca. Esto también es importante para probar si un perro está escuchando o simplemente en piloto automático.

**Aumentando la Permanencia:** ¡Ahora su perro sabe cómo "sentarse" y "echarse" con destreza! Ahora es el momento de aumentar la duración para que no espere un regalo de inmediato cada vez que marque el comportamiento correcto. Revelación completa: ¡esto requiere paciencia!

- Comience la sesión como lo haría para "sentarse".

- Dile a tu perro que se *siente*.

- Una vez que su trasero toque el suelo, haga *clic* inmediatamente.

- Espere todo un "Mississippi".

- Premie al perro mientras está en posición.

**Solución de problemas:** si su perro se levanta de la posición, congélese como si fuera un robot que dispensa golosinas, y la acción de su perro de salirse de la posición lo rompió. Mantenga el puño cerrado y permanezca así hasta que su perro vuelva a sentarse. Una vez que vuelvan a sentarse, puede continuar dándoles la golosina. *No* repita el comando y *no* repita el marcador.

- Aumente gradualmente el tiempo entre el marcador y la golosina. Una vez que haya acumulado una buena cantidad de tiempo, varíe la duración. ¡Los perros pueden contar! Si lo hace cuatro segundos cada vez de la misma manera, se levantarán al quinto segundo.

- ¡Termine la sesión con una buena nota y gane cualquier gran progreso!

- ¡Haz esto también para el comando abajo! Una vez que sea competente tanto en sentarse como en sentarse con la duración, será el momento de pasar de esta base y convertirlo en un comando.

**Quédate:** La mayoría de las veces, estarás atado a tu compañero. Sin embargo, si por alguna razón necesitas mantenerlo en un lugar mientras te alejas, puedes atarlo a un objeto o pedirle a un amigo o familiar que sujete la correa. Si este es el caso, querrás que tu perro tenga una permanencia a prueba de balas.

- ¡Comience su sesión en su entorno libre de distracciones!
- Ponle una correa a tu perro.

- Dale a tu perro el comando "abajo". Si le toma un tiempo, márquelo y recompénselo. No se puede construir una sólida estancia sobre una base débil.

- Si baja inmediatamente diga, *stay/quédate*.

- Con la correa suelta, camine aproximadamente un pie hacia la izquierda o hacia la derecha. Si permanece en la posición, haga *clic* y recompense. Puede decir "libre" para indicar que se le permite levantarse. Empareje "libre" con un suave tirón de la correa para que comprendan lo que está tratando de comunicarles.

**Solución de problemas:** Alternativamente, si dices "quédate" y tu perro rompe la posición, simplemente di "no" y llévalo de regreso al área en la que estaba y debería bajar por su cuenta. Si no baja por su cuenta, está bien repetir el comando "abajo" pero no "quédate".

- Repita el paso seis hasta que cumpla y se quede.

- Mantenga la duración no más de lo que había construido antes. Puede decir "bien" como una palabra puente para que su perro sepa que está en el camino correcto para obtener una recompensa. Cuando diga "bien", dígalo con una voz tranquila y relajante que invoca la calma en ellos. Los perros leen nuestra energía; si estamos entusiasmados, ellos se entusiasman. Si estamos tranquilos, igualarán nuestra energía. Habiendo dicho esto, tranquiliza a tu perro diciéndole "bien". Casi como si lo estuvieras acariciando con tu voz. (Nunca use su palabra puente o marcador a menos que vaya a recompensar a su perro).

- Haz variar repeticiones en varios lugares de su entorno y libre de distracciones durante unos diez minutos. Este es uno de los comandos más difíciles que su perro aprenderá porque se necesita concentración y conciencia para reprimir el impulso de romper la posición.

Hablemos por un minuto sobre por qué no quiere usar su palabra puente o marcador a menos que vaya a recompensar a su cachorro y cómo podrá aplicarlo al resto de la vida de su perro. Como se indicó anteriormente, los perros procesan la información de acuerdo con el orden de los eventos para predecir lo que sucederá a continuación. A esto se le llama análisis funcional; Un problema matemático simple que puede recordar para comunicarse mejor con ellos en el futuro es A + B = C. También conocido como el ABC del comportamiento.

A. Antecedente

B. Comportamiento

C. Consecuencia

Tomemos el ejemplo de lo que sucede en el cerebro de su perro cuando escucha la palabra marcador. Si ha sido constante, un clic equivale a una recompensa (grande o pequeña). Imagínese que trabaja toda la semana (la acción de su perro), y todos los viernes, su jefe le dice que tiene un cheque para usted (haga clic), y usted recibe su cheque de pago (recompensa) de manera constante en todo momento. Luego, imagine una semana que su jefe dice que tiene un cheque de pago para usted (haga clic) y usted no recibe un cheque de pago. La primera vez probablemente estés un poco molesto, pero continúas haciendo tu trabajo. Desde entonces, todos los viernes su jefe sigue diciéndole que tiene un cheque para usted, pero a veces miente y a veces es su sueldo habitual. Es la misma premisa detrás de El Pastorcillo Mentiroso. Eventualmente, su jefe diciendo: "Tengo su cheque de pago" no significará nada para usted, y simplemente comenzará a esperar su cheque en lugar de prestarle atención a su jefe. Es importante que su perro confíe en usted.

Esto es diferente al variado sistema de premios / premios. El variado sistema de recompensas está diseñado para hacer que su perro trabaje más porque obtiene bonificaciones por trabajar más duro, lo que los entusiasma por trabajar.

Tomemos el ejemplo del comando que acabamos de repasar. Le pide a su perro que se quede quieto y lo haga correctamente (A para Antecedente), y usted hace clic en (B para Comportamiento), y su perro recibe la recompensa en un tiempo razonable (C para Consecuencia). Ahora imagina que obtienen A y B, pero no siempre C. Tu señal (comportamiento) comenzará a significar menos para el perro, lo que hará que te resulte más difícil comunicarles lo que están haciendo correctamente en el futuro.

Por eso los perros siguen ladrando a los carteros; Piénsalo. Si $A + B = C$ el 100% del tiempo, mantendrán el comportamiento. Si $A + B \neq C$ el 100% del tiempo, descartarán el comportamiento.

**Antecedente:** El cartero llega a la puerta.

**Comportamiento:** Tu perro le ladra.

**Consecuencia:** El cartero se va.

Su perro no sabe que se va porque ha terminado de entregar el correo. Él cree que sus ladridos lo están alejando según el orden de los eventos. Si eliminara o cambiara la consecuencia, él / ella detendría el comportamiento.

**Llamado:** Este es uno de los comandos más importantes que debe conocer cualquier perro en caso de emergencia. La mayoría de las veces, su perro de servicio estará atado a usted o a su lado, pero todos los perros necesitan libertad, y si decide llevar a su perro al parque u otra área pública, es imperativo que tengan un llamado para que regrese a ti a prueba de balas. Podría salvarle la vida.

- Prepárese con una línea larga (unos 20-30 pies bastará).

- Dado que la mayoría de las veces, tendrás que llamar a tu perro cuando no te esté prestando atención, espera hasta que olfatee el suelo o mire hacia otro lado a unos tres pies de distancia de usted.

- Diga el nombre de su perro inmediatamente seguido de "ven" o "aquí". Simultáneamente con el comando, atráigalo suavemente hacia usted.

- Tan pronto como llegue a ti, haz clic y recompensa.

- Este debería ser un juego de mucha energía. Nunca llames a tu perro para reprenderlo, nunca. Este comando siempre debe ser positivo.

- Cuanto mejo se vuelva tu perro, más distancia y distracción podrás crear.

- Trata de no hacer que tu perro se quede en algún lugar para llamarlo. Esto no solo anula el propósito de recordar lejos de la distracción (porque el perro ya está enfocado en ti), sino que puede dañar su comando de permanencia, ya que se aprendió recientemente. Debes ceñirte a un comando por sesión, especialmente cuando aprendes un comando nuevo.

Deberías ser la única persona que le dé órdenes a tu perro. Dicho esto, juguemos a un juego divertido que me gusta llamar "Pase al cachorro". Este juego asegurará que su perro regrese a ti si alguna vez lo atrae otra persona en público. Necesitarás encontrar un amigo o familiar que te ayude.

- Mantente al final de la larga correa y tu recompensa debe ser de mayor valor que la persona que te ayuda.

- Párese a unos dos metros de su ayudante.

- Tu ayudante debe agacharse y ofrecer comida, caricias o simplemente elogios. El ayudante no debe decir el nombre del perro ni darle órdenes. Tampoco deberían darle comida al perro. Para atraer al perro a que se acerque a ellos, pueden silbar, chasquear la lengua, palmear la pierna, aplaudir, hablar como un bebé, etc.

- Deja que tu perro lo investigue.

- Cuando estés listo, llama a tu perro como lo harías normalmente con la correa y guíalo hacia ti. Incorpora la guía de la correa incluso si tu perro ha pasado de este paso. Recuerda, cuando agregues algo nuevo, complétalo con algo antiguo / familiar.

- Cuando su perro llegue a usted, haga clic y llévelos al premio gordo. Dé muchos elogios, pero solo marque tan pronto como le lleguen. Esto significa que si su marcador es "sí", no vuelva a decir "sí" para elogiarlos.

- Crea una distancia entre tu y el ayudante.

**Solución de problemas:** Si tu perro tiene problemas para dejar la atención de tu ayudante, reduzca el nivel de atención que le presta el ayudante y aumente su recompensa.

Una vez que esté realizando bien el responder a tu llamado con una distracción limitada, inténtelo sin la guía de la correa, pero manténgase al final. Estos son los incrementos en los que debe progresar con este comando. Tenga en cuenta; Practicará cada paso hasta dominarlo. Esto puede llevar algunas sesiones para lograr esta lista.

**Al inicio :** Distancia corta, guiar con la correa simultáneamente con el comando, enrolle la correa.

- Crea más distancia, guía simultáneamente de la correa, enróllala.

- Aumenta distancia en línea larga, guía de la correa simultáneamente, enróllala.

- Distancia corta, guía de la correa simultáneamente, **no** la enrolle.

- Distancia más larga, guía de la correa simultáneamente, no la enrolle.

- La distancia más larga, guía de la correa simultáneamente, no la enrolle.

- Distancia corta, sin movimiento de correa.

**Solución de problemas:** Recuerde, si durante estos pasos tu perro se confunde, simplemente vuelva al último paso en el que era eficiente.

- Mayor distancia, sin movimiento de correa.

- Distancia más larga, sin movimiento de correa.

**Solución de problemas:** Si durante la progresión en la que te encuentras hay un paso que requiere menos uso de la correa, tu perro se confunde, usa la correa para aclarar lo que estás preguntando.

- Ahora es el momento de agregar aún más distancia. Suelta la correa y deja que la arrastren. Llámelos como lo haría normalmente. Cuando lleguen a ti, haz clic y gana el premio mayor. Dele muchos elogios.

**Solución de problemas:** Si tu perro no te permite crear distancia siguiéndote, dale tiempo. Al igual que los niños, se aburrirán y tratarán de encontrar algo más interesante en lo que concentrarse. Esta es la oportunidad perfecta para mostrarles que eres más interesante que cualquier otra cosa.

**Solución de problemas:** Si tu perro no te responde de inmediato o se confunde, ve al final de la línea y arréglalo. Nunca vayas hacia el perro.

- Consigue a un amigo para que te ayude a jugar "Pasar al cachorro".

- Distancia corta con ayuda de la correa.

- Distancia corta sin ayuda de la correa.

- Mayor distancia con ayuda de la correa.

- Mayor distancia sin ayuda de la correa.

- Distancia más larga con asistencia de la correa.

- Distancia más larga sin ayuda de la correa.

- A continuación, comienza a llamar a tu perro cuando se dirija al ayudante.

- Empieza cuando tu perro te deje y ayúdalo con la correa.

- Luego espera a llamarlo hasta que esté a mitad de camino al ayudante. Usa la correa.

- Luego llámalo justo antes de que llegue al ayudante. Esto es lo más difícil para un perro. Una vez que un perro ha superado el 50% del camino hacia una distracción, su atención es más difícil de lograr. Es por lo que practicamos para esto.

- Usa tu propio juicio sobre la cantidad de distracción con la que debe comenzar y progresen en consecuencia. Cada cachorro es diferente.

- Empiece a practicar en caminatas.

- Distancias cortas con ayuda de la correa.

- Largas distancias con ayuda de la correa.

- Haga que su perro camine con una correa suelta y pídale a su ayudante que trate de atraer a su perro. Si comienzan a caminar hacia ellos, llámelos como hicimos en los pasos 22-25. Si tu perro no se molesta en ir hacia él y se concentra en ti, ¡dale un premio gordo y felicítalo!

**Consejo:** Utiliza muchos ayudantes diferentes. No siempre la misma persona.

**Atención al talón:** Utilizado por primera vez por perros de trabajo militares y de la policía, se enseñó un talón de atención para mantener a los perros enfocados en el guía mientras caminaban entre la multitud para que sus perros más reactivos no se distraigan y acepten movimientos rápidos o civiles desordenados pero no amenazantes. Hoy en día es utilizado por una amplia variedad de personas que desean tener más control sobre sus perros cuando caminan debido a distracciones como el tráfico, otros animales, comida, etc.

Esto está destinado a ser para períodos cortos cuando caminas por una distracción, no para una larga caminata completa.

- Empiece con su frase de apertura.

- Comience atrayendo a su perro (con la guía de la correa) a la posición de talón. Hay varias formas de hacerlo. Puede atraerlos más allá de su pierna desde el frente y luego regresar hacia usted en su posición de costado con los pies en línea con los suyos o puede hacer que circulen detrás de usted por el lado opuesto de su elección y terminar en la posición del talón.

- Nunca alimente a cuerpo cruzado. Esto significa que si su perro está apuntando a su izquierda, lo alimentará con la mano izquierda y hará clic con la derecha (si usa un clicker). La alimentación cruzada promueve que tu perro se adelante a usted para acercarse a la recompensa, lo que anula el propósito del talón.

- La mano con la que alimentes debe estar alineada con tu cadera y adyacente a ella. Si tu perro es más alto que tu cadera, puedes aumentar la altura en consecuencia.

- Comienza a aumentar la duración reteniendo el premio. Utiliza la palabra puente "bueno" para animarlo a permanecer en su posición.

- Una vez que tu perro se ponga en posición sin ser atraído, es hora de comenzar a moverse.

- Primero, el premio gordo por un paso. Luego dos. Continúa agregando hasta que pueda hacer cinco pasos y luego comienza a recompensar al azar.

- Si tu perro mira hacia otro lado, suelta la correa para llamar su atención. Tu perro comprenderá este chasquido de la correa si siguió correctamente los pasos para caminar con una correa suelta.

- Comienza a agregar vueltas y recompénsalo incluso por medias vueltas. ¡Recuerda pasos pequeños!

- ¡Al final de cada lección, di tu frase de cierre!

- Haz que un ayudante se pare cerca de ti y simplemente recompense a tu cachorro por ponerse en posición alrededor de otra persona. Luego camina alrededor de la persona.

- Consigue dos ayudantes y practiquen su posicionamiento en un movimiento en forma de ocho alrededor de ellos.

- A continuación, pídeles que caminen a tu lado mientras colocas a tu cachorro en posición.

- Esta vez, caminen uno al lado del otro y mantengan la atención del cachorro.

- Recuerda que tu controlas la velocidad a la que camina tu perro. Es fácil encontrarnos igualando la velocidad de nuestro perro cuando realmente deberíamos hacerlos coincidir con la nuestra. Para hacer esto, puedes reducir la velocidad de tu ritmo y recompensar con más frecuencia. No recompenses con más frecuencia si sigues el paso de tu perro.

**Forma libre:** El modelado libre es algo que usaremos mucho en este libro. Es diferente a atraer. Con el señuelo, estás guiando al perro hacia el comportamiento o la posición que deseas. Con la forma libre, le permites al perro descubrir cómo obtener el comportamiento deseado por sí mismo. Esto se hace recompensando las buenas intenciones incrementales. Esta es una excelente manera de que un perro aprenda porque aumenta la creatividad, la confianza y solidifica el comportamiento mejor que si fuera atraído. Para practicar esto, usaremos el comando "colocar" como ejemplo.

**Lugar:** Lugar es un buen comando para tu perro cuando estás en casa y necesitas que se acueste. El lugar puede ser cualquier cosa, desde una manta en el suelo hasta una cama para perros o una jaula. También es útil cuando traes a tu perro al trabajo.

- Empieza diciendo tu frase inicial.

- Ten una toalla o una cama para perros en el piso en cualquier lugar de la habitación.

- Si se trata de un objeto nuevo, es posible que tu perro lo investigue naturalmente. Dicho esto, sugiero usar una toalla para comenzar (siempre puedes cambiarla por un objeto diferente más adelante).

- Puedes sentarte o pararte. Si el perro le presta atención a la toalla, haz clic y deja que se acerque a ti para obtener el premio.

**Solución de problemas:** Esto requiere algo de paciencia y tiempo; sin embargo, recuerde que la distancia puede hacer que sea más fácil o más difícil. Si su perro pasa tiempo cerca de usted tratando de averiguar cómo obtener la golosina, acerque la toalla a usted para que tenga más posibilidades de que su perro le preste atención.

**¿Qué constituye la atención?** Mirar, oler y dar pasos todo esto lleva a la meta, que es lograr la atención. Trata de evitar las mordeduras gratificantes, ya que esto hará que tu perro se aleje por un camino diferente del objetivo que estás tratando de lograr.

- Recompensa de forma progresiva y constante el comportamiento que va dirección a la meta que estás tratando de lograr. Recuerda dar un gran premio a cualquier progresión importante, por ejemplo: han sido recompensados por mirar la toalla y deciden dar un paso hacia ella. ¡Eso requiere un gran premio! O lo han estado pisando y, de repente, le han puesto dos patas. ¡Premio grande!

- Continua con esto y una vez que te ofrezca el objetivo final, comienza a mover la toalla a diferentes áreas. Esto desarrollará la propiocepción de tu perro y solidificará el comando. Si se confunde, comienza a recompensar las buenas intenciones nuevamente. Si es necesario, mueve la toalla al lugar original para que no se confunda demasiado y luego muévela solo un pie o dos en una dirección.

**Pausa/Break:** Otro ejemplo de modelado libre incluye esperar los momentos de enseñanza. Dos de los comportamientos más fáciles de moldear libremente son defecar y orinar. Puede crear dos comandos para esto (uno para el n.° 1 y otro para el n.° 2). Debido a que ambos comandos tienen los mismos pasos, usaremos el término "pausa/break".

- Primero, debes tener un conocimiento general del horario de tu perro sobre cuándo debe ir al baño. Esto te dará la mejor oportunidad de estar preparado para que pueda ser consistente.

- Lleva a tu perro al baño y asegúrate de tener la recompensa contigo; si usas un clicker, tenlo contigo también.

- Cuando tu cachorro tenga el comportamiento deseado, haz clic al final de la acción. Si has usado la marca de manera correcta y constante, tu perro debe girar la cabeza y estar en línea recta hacia ti. Aliméntalo cuando llegue a ti.

- Antes de que vaya al baño, cada vez que lo dejes salir, comienza a agregar la palabra. En este caso, usaremos "break/pausa".

  - Saca a tu perro para ir al baño, di descanso/break y espera a que "se vaya". Haz clic y recompensa. Eventualmente, la palabra precederá a la acción y tu perro asociará la palabra con la acción.

**Caja de moldeado libre:** Has hecho esto con "lugar", pero como se dijo antes, cuanto más le pidas a tu perro que haga, más fáciles serán las nuevas tareas y su intelecto crecerá. Para ello, necesitará una caja de cartón lo suficientemente grande para que entre su perro. Has hecho esto con "place/lugar", pero como se dijo antes, cuanto más le pidas a tu perro que haga, más fáciles serán las nuevas tareas y su intelecto crecerá. Para ello, necesitarás una caja de cartón lo suficientemente grande para que entre tu perro.

- Empieza con tu frase inicial.

- Toma una caja de cartón y colócala de lado con la abertura hacia tu perro.

- Si tu perro muestra algún interés en la caja, haz clic y recompénsalo.

**Solución de problemas:** Si su atención cambia demasiado hacia ti, simplemente compórtate interesado en la caja, pero no hables con tu perro.

- Haz *clic* y dale un gran premio a tu perro si pisa la caja.

- Una vez que esté yendo y viniendo de la caja a una velocidad rápida, comienza a retener el clic.

- Tu perro se frustrará y comenzará a hacer más comportamientos con la caja. Haz clic y premia cualquier progreso que te agrade.

- Después de que haya entrado en la caja de manera constante y haya sido recompensado por ello, inclina la caja hacia atrás.

- Haz *clic* y premia las buenas intenciones.

- Las buenas intenciones incluyen; olfatear la abertura de la caja, mirar dentro de la caja, tocar la caja, poner una pata en la caja, poner ambas patas en la caja, etc.

- Tu objetivo es que tu perro salte dentro de la caja sin ninguna guía o ayuda que no seas tu recompensando los comportamientos que puedes lo llevarán a la meta.

**¿Cuál mano?:** Este es un juego de condicionamiento libre que requiere mucha concentración por parte de tu perro. ¡Es posible que incluso pueda usar su nariz altamente calificada! ¡Qué divertido para ellos!

- Empieza por conseguir la comida que le encanta a tu perro.

- Da comienzo con tu frase de inicio y luego esconde la comida en AMBAS manos. (Si su discapacidad le impide hacer esto, puede usar vasos volcados en el suelo).

- Presenta sus manos a tu perro, que debe estar sentado o parado frente a ti.

- Permite que tu perro olfatee ambas manos y espera a que toque una.

- Ten un ayudante para hacer clic por ti si usas un clicker.

- Una vez que el perro toque tu mano, debes hacer clic y recompensarlo abriendo tu mano para darle el premio.

- Consigue más comida y comienza de nuevo.

- Cuando te perro comprenda que tocar con la pata le da una recompensa, comienza a esconder la comida solo en una mano (taza).

- Incluso si toca la mano vacía, debes abrirla.

- Entonces tu perro se da cuenta de que patear abre la mano pero no equivale directamente a la recompensa. En cambio, debe decidir qué mano tiene la comida y seleccionar esa mano.

- Esto será útil si necesitas que tu perro te toque para alertarte de algo en el futuro. Hay algunas tareas en el último capítulo para las que puede usar esto.

**Speak/Habla:** Ahora, podrías preguntarte: "¿Por qué le enseñaría a hablar a mi perro?" Dos razones, si puedes hacer que ladre al recibir una orden, puedes hacer que se detenga al recibir una orden, y usaremos este comando para unirlo a una tarea más adelante en este libro. Este comando puede ayudarte a enseñar alertas a otros ruidos que puedas tener dificultades para escuchar, como el timbre de la puerta, el teléfono que suena, alguien que te llama por tu nombre, etc. Para iniciar este comando, primero piensa en lo que puedes hacer para que tu perro se emocione lo suficiente como para ladrar. Tal vez ladra cuando no le das la comida o el juguete que estás reteniendo o cuando te emocionas mucho. Lo que sea que funcione para tu perro.

- Asegúrate de comenzar la lección con tu frase inicial para que tu perro comprenda que hay algo que aprender.

- Presenta a tu perro lo que has concluido que funcionará mejor para que hable. (Por ejemplo, la mayoría de los perros hablan cuando aumenta su nivel de energía).

- Tan pronto como ladre, haz clic y recompensa.

- Si estás usando un juguete para hacer ladrar a tu perro, recompénsalo primero con el juguete y alterna entre el juguete y el premio.

- Deberán ponerse al día bastante rápido. Una vez que tengas claro que tu perro comprende que hablar le da la recompensa, agrega la palabra "hablar" y luego realiza la acción que lo induzca a ladrar. Haz clic y recompensa el ladrido. Debido al orden de los eventos, la palabra hablar se asociará con el ladrido.

- Una vez que tu perro esté haciendo esto de manera constante, puedes retener el marcador para generar frustración. La frustración hará que tu perro empuje más fuerte (en este caso, ladre más). Marca dos ladridos, luego tres y así sucesivamente.

Conseguiste que tu perro ladrara, ¿cómo consigues que se detenga?

**Enough/Suficiente:** Se utiliza suficiente para silenciar a tu perro una vez que te ha alertado del ruido.

- Empieza como lo harías con cualquier lección.

- Pídele que *hable*.

- Permite que tu perro ladre repetidamente y luego di firmemente, suficiente/*enough*.

- Tan pronto como tu perro esté tranquilo, haz clic y recompensa con un premio grande.

- El tiempo es muy importante con este comando, y debes reaccionar rápidamente para capturar el comportamiento de tu perro dejando de ladrar.

**Mantener/Hold:** Al igual que "hablar", mantener es otro comando que estamos enseñando para comenzar una tarea. Este comando le ayudará en su primera tarea (consulte el capítulo 8).

- Utiliza un palo o un juguete que le guste sostener a tu perro.

- Vamos a usar el condicionamiento libre en este, así que prepárate para ser paciente y sostén el juguete frente a ti y hacia tu perro.

- Naturalmente, la mayoría de los perros querrán investigar instintivamente el objeto. Una vez que lo haga, recompensa las buenas intenciones.

- continuación, puede tocarlo con la nariz y recompensarlo por su insistencia.

- Continua hasta que empuje constantemente el objeto con la nariz. Entonces retén la recompensa.

- Premia cualquier progreso como tocarlo con la boca.

- Eventualmente, estará constantemente teniendo el objeto en la boca con el fin de recibir su recompensa. Para aumentar la duración, reten la recompensa nuevamente. Incluso si el perro lo mantiene durante medio segundo más, gana un gran premio. Este es otro comando que requiere un tiempo de respuesta rápido.

- Una vez que tu perro sostenga el objeto, comienza a soltarlo mientras él/ella lo sujeta con firmeza.

- Puedes colocar una mano debajo de su barbilla y acariciar la parte superior de su cabeza con la otra mano para fomentar un agarre firme del objeto.

- Cuando marques y recompenses una vez que hayas llegado al paso de soltar el objeto, asegúrate de volver a sostener el objeto antes de soltarlo para darle la recompensa.

Practica estos pasos y revisaremos este comando más adelante en el libro.

**¿Te gusta lo que estás leyendo? ¿Quieres escuchar esto como un audiolibro? ¡Haz clic aquí para obtener este libro GRATIS al unirte a Audible!**

https://adbl.co/2Nw1wg1

# CAPITULO 6
*Entrenamiento en neutralidad, desensibilización y preparación pública.*

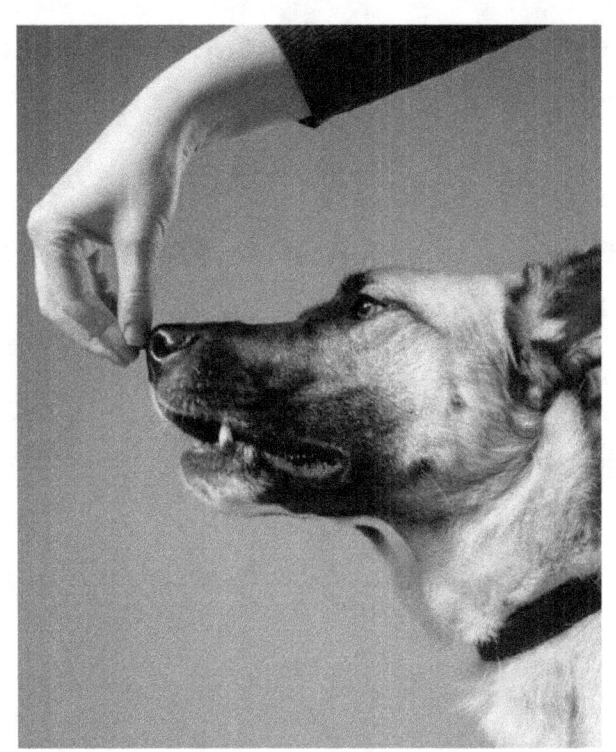

Hurra! Ahora tienes la suficiente confianza en la obediencia de tu perro dentro de casa y en los paseos como para mostrarlo en público. Si tienes un chaleco de servicio o un collar especial para tu perro, ahora es el momento de ponérselo. La razón es que los perros responden bien a la orientación del equipo. Esto pondrá a su perro en un estado mental perfecto, entenderá que cuando tiene el chaleco puesto está en el trabajo.

Muchos lugares no permiten perros de servicio en entrenamiento en su establecimiento. Para prepararse mejor, puedes consultar las leyes de tu estado. Afortunadamente, hay una lista de tiendas en todo el país que te permitirán llevar adentro a tu perro de servicio aunque esté en entrenamiento. Investiga un poco en tu área sobre qué tiendas permiten perros domésticos. ¡Los resultados pueden sorprenderte!

¡Antes de salir de casa, ejercita a tu perro! Un perro cansado podrá comportarse mejor en público, lo que te causará menos estrés. No solo te causará menos estrés, sino que tu perro tendrá una experiencia más agradable porque no tendrás que corregirlo tanto. Asegúrate de empacar premios de comida / bolsa de golosinas, clicker (si corresponde), chaleco para perro de servicio y, por supuesto, ¡su perro de servicio! Una última cosa antes de subir al coche, dale a tu perro un descanso para ir al baño. Sigue los pasos que se te dieron en el capítulo anterior para que este proceso sea más rápido en el futuro.

Cuando llegues a tu destino, no permitas que tu perro salte del automóvil a voluntad. De hecho, sugiero que coloques jabas de plástico en tu automóvil si es posible. Es más seguro para tu mascota en caso de accidente automovilístico. Sin embargo, si viajas con tu perro fuera de una jaula, será beneficioso para ti durante la prueba de acceso público practicar de esta manera ahora. Por eso es importante seguir la regla número seis del capítulo tres. Si nunca le dices a tu hijo "no" en casa, reaccionará mal cuando le digas "no" en público. Con suerte, todavía tienes que sacarlo al público antes de este punto. Si la última experiencia que tuvieron en público fue una en la que se sintió a cargo, es posible que tengas que corregirlo más o dar más pasos hacia atrás en el proceso que si les dieras esta nueva experiencia con una obediencia a la que recurrir. Puedes encontrar consuelo en que cuanto más aprenda de ti, más te buscará para obtener orientación en una nueva situación. Es algo similar a cómo llamarías a tus padres en una situación estresante.

Después de que se hayan bajado del coche con calma, es importante que adopten la mentalidad de trabajar. Sujeta su chaleco de servicio y practica una obediencia recompensada por tu vehículo. Hacer esto marcará la pauta para tu perro y le enviará un mensaje claro sobre lo que se espera de él en este entorno. Sugiero hacer el ejercicio de la correa de "seguir al líder" antes y después de su breve sesión de obediencia. Asegúrate de darle un gran premio a tu perro cuando esté completamente comprometido contigo. Una vez que se sienta seguro con su sesión, continua adentro con tu perro caminando junto a tu talón.

Sugiero ir primero a una tienda de mascotas. No solo admiten mascotas, sino que si esta es la primera vez que tu perro sale en público, no captará tantas miradas si se porta mal. Muchas de las mascotas que ingresan a estas tiendas tienen poco o ningún entrenamiento, por lo que la gente está acostumbrada a los perros rebeldes. Por supuesto, tu perro no será rebelde porque ha seguido estas reglas y pasos de manera constante. De hecho, creo que recibirás algunos cumplidos. Recuerda, nadie debe acariciar o alimentar a tu perro con su chaleco puesto. Si deseas permitir este comportamiento, primero debes quitarle el chaleco. Sin embargo, durante el primer mes más o menos, no permitiría esto en absoluto. Si alguien intenta captar la atención de tu perro, recuerda su entrenamiento. Di el nombre de tu perro y, en cuanto haga contacto visual contigo, ¡premio gordo! ¡Qué gran hito! Haz que la visita a la tienda sea breve y agradable. No le pidas demasiado. El objetivo de este viaje es simplemente la exposición y el buen comportamiento en general. Cualquier obediencia que le pidas a tu perro en el primer viaje debe ser recompensada. Utilice a cada persona que pase como un momento de enseñanza. Cuando pase una persona o un grupo de personas, observa cómo reacciona tu perro. No tiene permitido olfatear a otras personas (o mercancía para el caso) mientras pasan. ¡Termina con una buena nota! Tu segundo viaje debe ser en la misma tienda (incluso el mismo día pero después de un merecido descanso). Esta vez, solo recompensa los momentos que te impresionen. Por ejemplo, si tu perro se ha acostado siempre que se lo ordenas, pero más lento de lo que te gustaría, prémielo cuando se acueste más rápido. Puede que todavía no sea la velocidad que te gustaría, pero está un paso más cerca de tu objetivo. Ésta es la diferencia entre práctica y aplicación. Hemos estado practicando durante aproximadamente un mes hasta este momento. Ahora es el momento de aplicar lo que le has enseñado a tu perro.

La segunda tienda a la que sugeriría ir es cualquier tienda de mejoras para el hogar. Ahora que confías en que tu perro se comportará en público, es hora de exponerlo a factores estresantes menores. Estos factores estresantes pueden ser carritos ruidosos, sierras, oradores de anuncios públicos, pasillos llenos de gente, etc. Empieza de a poco, pasen junto a alguien con un carrito. Si tu perro se porta bien e ignora el estímulo, haz clic y recompensa. Premio mayor cuando ignora un factor estresante mayor. ¿Qué pasa cuando reacciona mal al estímulo? Ignora a tu perro si parece estresado. Si mimas su miedo, validarás su reacción. Es la misma razón por la que los perros le temen a los rayos. Muestra una ligera preocupación y alguien lo consuela, aunque, con buenas intenciones, el perro creerá que tiene razón en su miedo.

Si encuentras algo de lo que tu perro no está seguro, realiza algunas de sus sesiones de obediencia a una distancia en la que tu perro se sienta cómodo, lejos del factor estresante. Acércate lentamente al factor estresante mientras practicas su obediencia. Los perros son terribles para realizar múltiples tareas. Si se concentra en ti y en su obediencia a medida que se acerca al factor estresante, pronto se comportará normalmente incluso cuando esté junto al factor estresante. Se dará cuenta de que no pasa nada malo. Imagina que estás en una nueva escuela y todo es nuevo y aterrador. Sin embargo, en tu antigua escuela, eras un genio de las matemáticas y ahí es donde te sentías más cómodo. Sería difícil adaptarte a todas tus clases en esta nueva escuela hasta que ingresaras en la clase de matemáticas. Una vez que comienza la clase, estás en tu zona y todos los demás problemas y factores estresantes del día desaparecen en ese momento. Cuando tu perro confía en su obediencia, se convierte en su zona de confort en nuevos entornos hasta que haya estado en tantos entornos nuevos que se sienta seguro de afrontar cualquier situación nueva.

Otro entorno al que tu perro debe acostumbrarse es el consultorio del veterinario. Es imperativo que tu perro no asocie a los veterinarios con recuerdos negativos. Para hacer esto, debes tomarte un tiempo para llevar a tu perro a su veterinario habitual solo para visitar al personal y hacer que le den golosinas. Si solo va al veterinario para recibir vacunas, comenzará a desarrollar una asociación negativa con el consultorio. Sin embargo, gracias a la comprensión de la probabilidad de tu cachorro, correrá el riesgo para recibir la recompensa si la recibe con más frecuencia.

Cuantos más lugares conozca tu perro, más cómodo estará en cualquier situación dada. Cuantas más cosas nuevas le enseñes, mejor aprenderá. Si no tienes escaleras en casa, practica subir y bajar escaleras con tu perro. Si estás en una silla de ruedas, trabaja para cargar y descargar ascensores de manera segura. Si se te pregunta sobre tu perro de servicio, asegúrese de estar tranquilo y educa sobre la necesidad general de perros de servicio. Cruzar la calle debería ser fácil. Por supuesto, sigues la regla de tu madre de detenerse en la acera y mirar a ambos lados antes de cruzar. Prepárate para tensar la correa si tu perro sigue adelante. Él / ella debería detenerse en una decima cuando tu te detengas. Si tienes que corregirlo, practica caminar hasta la acera unas cuantas veces y levanta la correa de manera preventiva simultáneamente cuando te detengas. Vuelve a la regla de tres viejos, uno nuevo. Para tres repeticiones, camina hasta la acera y afloja la correa al mismo tiempo. No des órdenes, elogios o golosinas. Si tensas la correa y das un premio, no le darás a tu perro una imagen clara de lo que quieres. En la cuarta repetición, no sueltes la correa de inmediato. Si tu perro se detiene a tiempo, haz clic y recompensa. Alternativamente, si no se detiene a tiempo, sujeta la correa con un poco más de firmeza y no lo recompenses. Continua hasta que tengas éxito. Si corrigieras a tu perro y luego lo recompensaras por volver a la posición en la misma repetición, continuaría haciendo el comportamiento incorrecto para tomar la corrección y recibir la recompensa de todos modos. Especialmente si el riesgo vale la pena.

Practica varios down/abajo y stay/quédate al final del pasillo mientras la gente pasa; puedes decirle a tu perro "bien", pero trata de decirlo sólo cuando pase una persona. La verdadera prueba será cuando pase un perro o una persona. Si alguien se detiene para tratar de interactuar con él/ella (incluidos los perros), explíquele con calma y cortesía que tu cachorro está entrenando. Primero, recompensa y libéralo después de que una persona pase. Da un premio grande cuando pasen niños o perros. Camina hacia otro pasillo y repite. Otro pase impresionante por el que tu perro debe recibir una gran recompensa es cuando un carrito de la compra pasa cerca mientras está en un descanso.

la comprensión de la probabilidad de tu cachorro, correrá el riesgo para recibir la recompensa si la recibe con más frecuencia.

Cuantos más lugares conozca tu perro, más cómodo estará en cualquier situación dada. Cuantas más cosas nuevas le enseñes, mejor aprenderá. Si no tienes escaleras en casa, practica subir y bajar escaleras con tu perro. Si estás en una silla de ruedas, trabaja para cargar y descargar ascensores de manera segura. Si se te pregunta sobre tu perro de servicio, asegúrese de estar tranquilo y educa sobre la necesidad general de perros de servicio. Cruzar la calle debería ser fácil. Por supuesto, sigues la regla de tu madre de detenerse en la acera y mirar a ambos lados antes de cruzar. Prepárate para tensar la correa si tu perro sigue adelante. Él / ella debería detenerse en una decima cuando tu te detengas. Si tienes que corregirlo, practica caminar hasta la acera unas cuantas veces y levanta la correa de manera preventiva simultáneamente cuando te detengas. Vuelve a la regla de tres viejos, uno nuevo. Para tres repeticiones, camina hasta la acera y afloja la correa al mismo tiempo. No des órdenes, elogios o golosinas. Si tensas la correa y das un premio, no le darás a tu perro una imagen clara de lo que quieres. En la cuarta repetición, no sueltes la correa de inmediato. Si tu perro se detiene a tiempo, haz clic y recompensa. Alternativamente, si no se detiene a tiempo, sujeta la correa con un poco más de firmeza y no lo recompenses. Continua hasta que tengas éxito. Si corrigieras a tu perro y luego lo recompensaras por volver a la posición en la misma repetición, continuaría haciendo el comportamiento incorrecto para tomar la corrección y recibir la recompensa de todos modos. Especialmente si el riesgo vale la pena.

Practica varios down/abajo y stay/quédate al final del pasillo mientras la gente pasa; puedes decirle a tu perro "bien", pero trata de decirlo sólo cuando pase una persona. La verdadera prueba será cuando pase un perro o una persona. Si alguien se detiene para tratar de interactuar con él/ella (incluidos los perros), explíquele con calma y cortesía que tu cachorro está entrenando. Primero, recompensa y libéralo después de que una persona pase. Da un premio grande cuando pasen niños o perros. Camina hacia otro pasillo y repite. Otro pase impresionante por el que tu perro debe recibir una gran recompensa es cuando un carrito de la compra pasa cerca mientras está en un descanso.

El tercer lugar al que debes ir (si el clima lo permite) es un restaurante con un área para comer al aire libre. Durante la prueba de acceso público, al menos una vez, se probará a tu perro con comida en el suelo. Es importante para la salud y los modales generales de tu perro que nunca coma alimentos del suelo. Cuando te sientes en tu mesa, tu perro debe estar fuera del camino de los clientes y del personal. Pídele a tu perro que se acueste debajo de la mesa a tus pies. Sugiero probar esto primero en casa.

- Tu perro está en down-stay/descanso.

- Asegúrate de sujetar firmemente la correa, debe estar suelta, pero lista para corregirlo.

- Deja caer comida a unos 4 pies de tu perro.

- Si se abalanza, tense la correa (el tiempo de reacción es importante). Si accidentalmente come la comida, está bien. Simplemente reajuste su tiempo y distancia.

- Si tu perro no busca la comida que cayó, vuelve a recoger la comida y luego haz clic y premia a tu cachorro.

- Debe permanecer en una posición de descanso.

- Este es un gran ejemplo de cuándo debes usar el tres viejas y una cuarta repetición nueva.
- Aumenta la duración desde el momento en que la comida llega al suelo hasta que la recoges y lo recompensas.

Has pasado todo tu tiempo con tu perro durante las semanas que han estado entrenando. Pero a veces, tendrás que entregarle la correa a alguien más mientras te pierdes de vista. Esto se prueba durante la Prueba de Acceso Público. Tu perro debe mantener la calma y esperar tu regreso sin mostrar estrés. En casa, practica esto primero con la caja. Al azar, de 15 a 20 veces al día, coloca a tu perro en la jaula y cierra la puerta durante 1 a 5 minutos a la vez sin ningún motivo. Para el primer día, coloque la jaula en un área donde él / ella pueda verte mientras esta dentro. Luego, mueve la caja a un área más apartada. Una vez que esté constantemente calmado, pide a un ayudante que sujete la correa mientras tu te alejas brevemente de su vista y regresas. No le digas adiós ni holas a tu perro. La emoción de que regreses generará ansiedad por separación porque están anticipando tu regreso. En cambio, cuando regreses con tu perro, toma la correa de tu ayudante de manera neutral, camina unos pocos pies, haz clic y recompensa a tu perro. Ignora cualquier ansiedad por separación. Corregirlo será prestarles atención, que es lo que está provocando la ansiedad. Una vez que haya sido recompensado varias veces por no mostrar un comportamiento ansioso, quita las recompensas.

Para desensibilizar a tu perro a la preparación, es una buena idea que lo hagas con regularidad. Independientemente de su entrenamiento, tu perro siempre debe verse bien a la vista del público. Esta desensibilización no solo lo ayudará en la clínica del veterinario, sino también durante la Prueba de Buen Ciudadano Canino si decide tomarla. Prueba a preparar frecuentemente la boca, las orejas y las patas de tu perro y recompénsalo al final de cada sesión.

**¿Te gusta lo que estás leyendo? ¿Quieres escuchar esto como un audiolibro? ¡Haz clic aquí para obtener este libro GRATIS al unirte a Audible!**

https://adbl.co/2Nw1wg1

# Capítulo 7
*Tareas*

Finalmente! Estás listo para aprender las tareas que te darán una nueva calidad de vida y fortalecerán aún más la relación con tu perro. A lo largo de este capítulo, puedes elegir lo que sea apropiado para ti y tu estilo de vida y aplicarlo al adiestramiento de tu perro.

**Bring/Traer:** esta tarea se puede utilizar por diversas razones. Muchas veces dejarás caer un artículo que quizás no puedas recoger, o quizás algo esté fuera de tu alcance, y necesitas que tu perro de servicio lo recoja por ti. Notarás que esta tarea se deriva del comando "hold/sostener".

- Lo dejamos en "hold/sostener", donde tu perro sostendrá voluntariamente un artículo durante la cantidad de tiempo que tu hayas decidido.

- Ahora agregaremos la acción de recoger el artículo. Busca una mesa, silla o caja corta que tenga la altura del pecho de tu perro.

- Pon en reposo el objeto con el que tu perro se sienta más cómodo recogiendo de la superficie.

- Mientras esté cerca del perro (la misma distancia a la que ha estado practicando), señala el objeto y anima a tu perro a que lo recoja.

- Una vez que lo haga, agarre el objeto de su boca (debe seguir sosteniendo), haz clic y recompensa a tu perro.

**Solución de problemas:** Justo como hicimos cuando el perro se salió de posición después de sentarse o recostarse, si tu perro suelta el objeto, debes ignorarlo hasta que lo vuelva a agarrar.

- Continua con estos pasos hasta que tenga consistencia. Cuando tu perro sea consistente, agrega la palabra "traer" a tus gestos con las manos (señalar).

- Una vez que sea eficiente, comiencen a moverse (tu y tu perro) más lejos de la superficie y el objeto. Comienza aproximadamente a un pie de distancia.

- Gradualmente crea más y más distancia y premia la progresión.

- Una vez que tengas una buena distancia, baja la golosina a una superficie que se encuentre con los tobillos delanteros de tu perro.

- Cuando bajes el objeto, debes volver a la primera distancia en la que comenzaste. Nuevamente, construye distancia para esta nueva altura.

- Finalmente, una vez que estés seguro, pon el objeto en el suelo. Premia a tu perro por recogerlo y luego aumenta la distancia y la consistencia.

- Prueba ahora sentarte en una silla y dejar caer el objeto a tus pies. Pídele a tu perro que "traiga" el objeto y recompensa con un gran premio.

**Solución de problemas:** Si tienes dificultades en algún momento durante estos pasos, vuelve sobre su progreso hasta el último paso en el que fue eficiente y ve aumentando lentamente a partir de ahí.

- Ahora es el momento de comenzar a crear una mejor generalización con el comando. Si estabas usando un palo, cambia a otro objeto que creas que le gustará sostener. Cuantos más objetos utilices con estos pasos, más neutral se volverá el comando y recogerá cualquier objeto. ¡Incluso puedes comenzar a dar nombres a los elementos! Recuerda, cuando introduces algo nuevo, lo complementas con algo antiguo. Con este nuevo objeto, es importante que empiece primero sosteniéndolo, como hicimos en el capítulo de obediencia. No te preocupes; tu perro ha hecho esto antes y rápidamente se adaptará y avanzará a través de los pasos mucho más rápido.

**Aparatos de oído:** Los perros pueden ser entrenados para alertarnos de muchos ruidos. Estos incluyen alarmas, teléfonos que suenan, alguien que te llama por tu nombre, un golpe en la puerta o incluso un automóvil detrás de nosotros. Sin embargo, para esta tarea, simplemente le estaremos enseñando a tu perro a alertarnos sobre un mensaje de texto. Si esto no se aplica a tu vida, pero aún así deseas que tu perro te avise de otro ruido, simplemente aplica estos pasos al ruido que elijas.

- Primero, en tu teléfono entra a la aplicación de configuración, busca notificaciones y selecciona el sonido de notificación que usas para mensajes de texto. Debería reproducirse cada vez que lo presiones.

- ¿Recuerdas cómo le enseñamos a tu perro a hablar cuando se le ordena? ¡Genial! También lo usaremos.

- Di la frase inicial de tu lección y gana la atención de tu perro.

- Presiona para hacer el ruido en tu teléfono y luego inmediatamente pídele a tu perro que hable.

- Premia a tu perro por hacerlo. En definitiva le está dando un apodo al comando hablar. Tu perro sabrá que cuando suene el ruido, le dices que hable. Eventualmente, lo llevará al grano y hablará tan pronto como escuche el sonido porque quiere obtener la recompensa lo antes posible.

- Deberás continuar estas sesiones hasta que ya no tengas que decirle a tu perro que hable después del ruido.

- Una vez que tu perro sea consistente, intenta aplicarlo fuera de las sesiones. Si tu perro parece tener curiosidad por el ruido, pero está atorado o confundido, está bien que lo ayudes a calmar indicándole que ladre con la orden de "hablar".

- ¡Ahora la parte divertida! Una vez que tu perro comprenda ambos, traer [inserte el nombre del objeto aquí] y cómo alertar a la notificación de mensaje de texto de tu teléfono, puedes hacer que tu teléfono se apague desde el otro lado de la habitación (o incluso en otra habitación) y pedirle a tu perro que lo recupere por t!

**Open/Abrir:** Dependiendo de tu discapacidad, puede resultarte difícil abrir y cerrar puertas. En este paso a paso, te enseñaré los conceptos básicos de cómo enseñarle a tu perro a abrir las puertas de los armarios.

- Elige una puerta de armario que sea de fácil acceso para tu perro.

- Saca una cuerda o bufanda y anima a tu perro a que juegue a tire de ella.

- Tan pronto como tire una sola vez, haz clic y recompensa.

- Agrega la palabra abrir ahora si lo deseas y asegúrate de que esté tirando solo una vez.

- Luego, ata la cuerda o bufanda a la perilla o manija del gabinete.

- Usa tu mano para atraer al perro a que muerda y dale la orden de abrir.

- Premia su progreso.

**Cerrar:** Ahora la puerta del armario está abierta y debe cerrarse. ¿Recuerdas el juego en el que le enseñamos a tu perro a tocar tu mano con la nariz? ¡Genial! ¡Lo aplicaremos a esta tarea!

- Tenga una nota adhesiva o un trozo de cinta adhesiva de color sólido adherido a tu palma, dale a tu perro la orden de tocar y recompénsalo por empujar la cinta.

- Una vez que sea consistente, mueve la cinta al gabinete donde el perro debe empujarla para cerrarla.

- Dile a tu perro que toque y ten paciencia. Haz clic y dale un gran premio incluso si solo olfatea el gabinete.

**Solución de problemas:** Si tu perro tiene dificultades para establecer la conexión, haz lo mismo que hicimos para el "toque", que consiste en ocultar la comida debajo. En este caso, esconde un trozo de comida debajo de la cinta para que pueda olerla, pero no pueda comerla. Haz clic y premia cualquier interés en él.

- Una vez que tu perro esté realizando este comando (créeme, lo hará, ¡es divertido y fácil para ellos!) Agrega la palabra "cerrar" justo antes de que se disponga a empujar la cinta en el gabinete.

- Una vez que esté empujando la cinta con soltura, haz que la cinta sea de la mitad del tamaño. Continua con algunas repeticiones consistentes. Asegúrate de premiar el progreso.

- Pronto podrás quitar la cinta y dar la orden de cerrar, y tu perro empujará la puerta del armario para cerrarla.

- Aquí es cuando agregarás distancia. Lo que significa … ¿puedes adivinar?

- ¡Así es! AÑADA LA CINTA DETRÁS. Trae algo nuevo, agrega algo viejo.

**Conexión a tierra (terapia de presión profunda):** Muchas personas que sufren de ansiedad y ataques de pánico pueden beneficiarse del uso de técnicas de conexión a tierra. A menudo, esto se centra en sus sentidos: vista, olfato, oído, gusto y tacto. Sin embargo, muchos se benefician de la presión que se les aplica. La mayoría de la gente usa una manta con peso, pero por suerte para ti, tienes una manta peluda con peso que vive y respira y que te ama. Para enseñar esta tarea, deberás estar acostado o sentado. Sugiero sentarse primero y luego pasar a acostarse.

- Comienza sentándote en una silla con tu perro al lado o frente a ti (lo que le sirva a tu perro y sea la forma más fácil de acceder a tu regazo).

- Dale palmaditas en el regazo y anima a tu perro a saltar sobre tu regazo para que su pecho y piernas descansen sobre ti.

- Haz *clic* y recompense a tu perro.

- Una vez que esté saltando con soltura en tu regazo, atrae su cabeza hacia abajo para que su barbilla esté sobre tu regazo o estómago. Haz clic y premia en esta posición.

- Comienza a agregar el nombre y retira lentamente el señuelo.

- Sostén los premios de manera contraria a tu perro que esta al lado tuyo y permítele acercarse (en lugar de atraerlo allí) para que se pose en la posición correcta con la barbilla en tu regazo.

- A continuación, pasaremos a esta tarea en posición de acostado.

- Tu perro deberá hacer la conexión. Sin embargo, si no lo hace, considera practicar primero en un sillón reclinable.

- Esta vez nos daremos palmaditas en el pecho y alentaremos al perro a que se acueste pesadamente allí. La presión debe ser relajante y tu perro debe estar tranquilo.

- Una vez que tenga a su perro acostado con la barbilla y el pecho sobre su torso cuando lo ordene, es hora de comenzar a construir la duración.

- Sostenga la golosina en dirección opuesta a la posición inicial de tu perro y da tu orden. Reten el marcador por un Mississippi y luego haz clic y recompensa.

- Continúa aumentando la duración y luego vuélvete consistentemente inconsistente. Esto significa que la forma y el orden en que practique sus repeticiones permanecerán iguales mientras que el tiempo variará aleatoriamente.

- Lo bueno de esto es que las señales que emites durante un ataque de pánico harán que tu perro te "conecte a tierra" si eres constante en pedirlo. Incluso puedes fingir ataques de pánico mostrando algunos de los síntomas, como temblores o hiperventilación para practicar tus repeticiones.

**Desvestirse:** Muchas personas son incapaces de desvestirse ellas mismas. La inflexibilidad y otras lesiones o discapacidades pueden resultar en la incapacidad de quitarse la chaqueta, los pantalones, la camisa y los calcetines de forma independiente, por nombrar algunos artículos. En esta guía paso a paso, le enseñaremos a tu perro a quitarte el calcetín y la chaqueta. Hay similitudes entre esto y la tarea "abierta". Primero, quítate los calcetines. ¡Espero que no tengas cosquillas!

- Comienza sentándote en una silla con tu perro frente a ti. Sostén un calcetín incítalo a tirar de él. Esto debería ser fácil para tu perro, ya que había visto estas imágenes antes cuando aprendió a abrir el gabinete para ti.

- No hay necesidad de dar un gran premio por este comportamiento.

- Mueve el calcetín entre sus piernas (si puedes, sostenlo entre tus rodillas o pantorrillas, si no, esta bien sostenerlo en tu posición con la mano) continua mientras tu perro progrese de manera constante y sin fallas.

- Colócate los calcetines en los pies de modo que ya estén a la mitad y pídele a tu perro que "te quite los calcetines" si se atora, retrocede y agrega el comando en el último punto en el cual fue eficiente. Premia las buenas intenciones.

- Cuando finalmente te quite los calcetines del pie, ¡haz *clic* y dale un gran premio!

- Comienza de nuevo gradualmente con el calcetín más y más en el pie hasta que esté completamente puesto. Luego pídele a tu perro que te quite los calcetines.

**Solución de problemas:** Ten en cuenta que puede ser extraño que tu perro agarre tu calcetín y tiene que tener cuidado de no morder los dedos de los pies.

Si parece vacilante, dale lentamente más calcetín para que trabaje con él hasta que se sienta cómodo, luego lentamente velo poniendo más abajo.

**Chaqueta!** A estas alturas, te has quitado el calcetín y es hora de que te quites la chaqueta. Sin embargo, antes de que puedas quitártela, primero debes abrir la cremallera. Corrección, tu perro debe abrir la cremallera.

- Ata un trozo de cuerda o cordón de zapato a tu cremallera. Debe colgar de seis a ocho pulgadas de la cremallera.

- Comience con la cremallera solo a unas pocas muescas desde la parte inferior.

- Atrae a tu perro para que tire de la cuerda. Una vez que lo haga, haz clic y recompensa las buenas intenciones. Incluso si no lo abre del todo.

- Una vez que esté tirando constantemente de la cremallera para abrirla, muévela hacia arriba hasta la mitad y corta la cuerda por la mitad de tres a cuatro pulgadas.

- Solo avanza si tu perro ha estado abriendo la cremallera por completo con éxito y de manera constante. Agrega la palabra "cremallera" o "tirar de la cremallera" en este momento.

- A continuación, mantén la cremallera en el punto medio y corte la cuerda haciéndola más pequeña, de modo que sea solo una pequeña etiqueta colgando de la pestaña de la cremallera.

- Pídele a tu perro que tire de la cremallera y premia la progresión.

- Vuelve a colocar la cuerda después de que tu perro haya dominado la pequeña cantidad de cuerda en el punto medio. Sube la cremallera hasta arriba.

- Tu perro puede saltar a tu regazo para jalar con éxito de la pestaña de la cremallera. Recompensa el jalar, incluso si tu perro no es 100% exitoso en abrir la cremallera por completo.

- Una vez que se sienta cómodo haciendo esto y esté jalando constantemente de la cremallera completamente abierta, puede devolver la cuerda a una pequeña etiqueta.

- Después de que tu perro sea eficiente en tirar de la etiqueta pequeña, retira la cuerda por completo y comiencen de nuevo desde la parte inferior.

**Solución de problemas:** Si tu perro tiene problemas, coloca la cuerda para hace tres repeticiones consistentes en la parte inferior de la cremallera y para la cuarta repetición sin la cuerda. Repite hasta que tengas éxito. ¡Premia el progreso y termina con una buena nota!

- Ahora que la cremallera está abierta, es hora de quitarte también la chaqueta.

- Sujeta la manga de tu chaqueta y anima a tu perro a tirar de la muñeca. Recompensa este comportamiento y di el comando "desvestir".

- Avanza una vez que tu perro sea eficiente deslizando tu brazo dentro de la manga, yendo desde la punta de tus dedos y terminando en tu codo.

- Pide a tu perro que te "desvista" y anímalo a que tome y tire de tu manga justo como hiciste antes de que estuviera en tu brazo. Da clic y recompensa.

- Luego, desliza la manga más arriba de tu brazo de modo que la abertura de la manga quede alrededor de tu muñeca, pero la manga de la chaqueta aún debe terminar en tu codo.

- Una vez que tu perro haya dominado esto, coloca toda la manga de modo que el hombro de la chaqueta descanse sobre tu hombro. Esta debería ser una transición fácil para tu perro.

- A continuación, una manga y dos hombros. No hay mucha dificultad aquí visualmente para tu perro. Sin embargo, puede ser físicamente más difícil para él o ella pasarlo por encima de tus hombros. Dependiendo de tus capacidades, puedes ayudar a tu perro maniobrando tus hombros para que esto sea más fácil mientras tira de tu manga.

- La verdadera dificultad surge cuando también te pones la otra manga. Si puedes maniobrar tu brazo para que la primera manga sea fácil de quitar, entonces anima a tu perro a intentar con la otra manga. Esto puede resultar extraño para algunos perros debido a su pobre propiocepción. ¡La práctica hace la perfección!

- ¡Asegúrate de premiar a tu perro con cualquier progreso impresionante y terminar con una buena nota! Todas las sesiones deben durar solo de diez a quince minutos. Especialmente para las tareas complejas como esta.

**Depositar artículos en un contenedor:** Ahora que has enseñado a tu perro a desvestirte y cargar artículos, puedes enseñarle cómo llevar la ropa sucia a un cesto de ropa y tirarla dentro.

- Primero, consigue tu canasta de ropa sucia. Di tu frase inicial y luego coloca la canasta entre tu perro y tu.

- Usa un artículo con el que tu perro se sienta cómodo sosteniéndolo y colócalo a un pie de la canasta.

- Haz que tu perro sostenga el artículo y lo lleve hacia adelante hasta que su cabeza esté por encima de la abertura de la canasta.

- Tan pronto como su cabeza esté sobre la canasta, di el comando que te gustaría usar, como "canasta" y luego haz clic y recompensa. Esta vez, sin embargo (a diferencia de lo que has hecho en el pasado), no retendrás el elemento antes de hacer clic. En cambio, dejarás que el artículo caiga en la canasta.

- Haz esto varias veces hasta que deje caer el artículo cuando tu digas "cesta" y haz clic en la acción de dejar caer el artículo en la cesta.

- A continuación, di el comando antes. Da la orden directamente antes de comenzar a caminar. Este paso puede resultar confuso para tu perro, pero permítele cometer errores. Puede que le tome un momento darse cuenta y comprender que la canasta juega un papel clave en la tarea. Al principio, tu perro puede pensar que "canasta" es un comando para simplemente dejar caer lo que sea que tenga en la boca.

**Solución de problemas:** Deje que se equivoque algunas veces sin ser recompensado, coloca la canasta más cerca y luego llévalo a la canasta sin dar la orden. Espera a ver si deja caer el artículo en la canasta en silencio mientras tu perro coloca la cabeza sobre la abertura. Haz clic y dale un gran premio si lo hace.

**Solución de problemas:** Coloca la canasta a un pie de distancia de tu perro y da la orden justo antes de que su cabeza esté por encima de la abertura de la canasta. Solo recompénsalo por meter el articulo dentro de la canasta.

- Una vez que sea eficiente con los dos pies y dando la orden antes de caminar hacia la canasta, comienza a hacer que tu perro camine solo hacia la canasta.

- Sostén la correa, dale al perro el artículo que has estado usando y pídele que haga una "canasta". Si ha realizado los pasos anteriores de manera exitosa, debe dejar el artículo en la canasta. Si no lo hace, vuelve sobre sus pasos de progresión hasta donde estaba mejor y tómalo más despacio esta vez.

- Después de completar esto hasta el punto de una precisión del 100%, puedes continuar agregando gradualmente distancia entre la canasta y tu. La diferencia entre este paso y los anteriores es que estarás parado y tu perro te dejará para ir a la canasta. Use su correa para guiarlo.

- Eventualmente tu perro hará esto rápidamente y con entusiasmo y correrá hacia ti para obtener su recompensa. Asegúrate de dar la orden, dejar que tu perro lleve el artículo a la canasta, que lo deje caer en la canasta y hacer clic solo cuando deje caer el artículo en la canasta.

**Solución de problemas:** Sin embargo, si tu perro ha tenido problemas para dejarte e ir a la canasta, haz clic y recompensa las buenas intenciones, pero solo da el premio mayor cuando llegue a la canasta. Juega con la distancia para hacerlo más fácil y preparar mejor a tu perro para las oportunidades de conseguir el premio mayor.

- ¡Diviértete con esta tarea y comienza a entrenar con los mismos pasos para tirar basura o incluso reciclar!

**Limpiar el cuarto/casa:** Muchas personas que padecen un trastorno de estrés postraumático u otras formas de ansiedad inducida por el estrés tienen la necesidad de sentirse completamente seguras y protegidas. A menudo, temerán que cuando entren a una habitación o casa pueda haber una amenaza potencial en el interior, especialmente si la habitación o la casa están a oscuras. Dos cosas que un perro de servicio puede hacer para brindar una sensación de comodidad a su ser humano en esta situación es revisar la habitación o la casa y encender las luces. Primero, le enseñaremos a tu perro a limpiar una habitación.

- Di tu frase inicial y lleva a tu perro por el perímetro de la habitación. Haz clic y recompensa al perro cada vez que te siga a lo largo de la superficie de la pared. Incluso si son solo unos pocos pasos.

- Eventualmente, tu perro se dará cuenta de que le pagan por seguir el perímetro de la habitación, y puedes comenzar a aumentar la duración hasta que solo esté ganando el premio mayor al final o al completar la habitación.

- Mantén estas sesiones breves y solo permite que el perro esté en esta habitación cuando esté entrenando la tarea.

- Avanzando, engancha a tu perro a una línea larga y aléjate lentamente de la pared, permitiendo que el perro permanezca en la pared. La primera vez que te vayas y tu perro se quede, debes darle el premio gordo.

- Una vez que estés parado en el medio de la habitación y tu perro esté escaneando constantemente el perímetro sin que tu lo muevas o lo guíes, puedes comenzar a moverte gradualmente hacia la puerta.

- Asegúrate de acercar a tu perro hacia la pared en cada ocasión señalando y dando la orden.

- Una vez que estés junto a la puerta y tu perro sea capaz de avanzar alrededor del perímetro y de regreso a ti, puedes intentar salir de la habitación y dejarlo adentro. Si tiene algún problema para entender lo que estás pidiendo, vuelve al paso en el que aún era competente.

- Después de esto, regresa adentro y pídele a tu perro que escanee el perímetro mientras las luces están apagadas. Si tiene éxito, sal de la habitación y envíalo a la habitación oscura.

**Solución de problemas:** Si tu perro tiene miedo de entrar en la habitación oscura, intenta tres repeticiones contigo dentro de la habitación oscura y una con las luces encendidas al comienzo de la búsqueda (contigo fuera de la habitación) y cuando esté aproximadamente a la mitad del escaneo, apaga las luces. Alternativamente, puedes enviarlo al cuarto oscuro, llevarlo con la correa al cuarto oscuro y guiarlo por el perímetro. Premia solo cuando busque completamente en la oscuridad.

- ¡Da un gran premio a cualquier progresión importante y siempre termina con una buena nota! Asegúrate de cerrar con tu frase final.

- A continuación, para despejar una casa entera, queremos comenzar nuevamente desde adentro. Comienza con la habitación que habías estado usando para entrenar la limpieza de la habitación.

- Haz clic y recompensa a tu perro una pequeña cantidad y luego envíalo a otra habitación (bien iluminada). Si parece confundido, guíalo por el perímetro y dale el premio gordo cuando llegue al final de la habitación tal como lo hizo en la primera habitación.

- Para esto no es necesario que sea una habitación con puerta. También podría ser un área de la casa, como la cocina o la sala de estar. La idea es hacerlo por todas las habitaciones hasta que puedas enviarlo desde la habitación principal, y tu perro buscará el perímetro de cada habitación de la casa. Eventualmente, estará fuera de tu casa (siguiendo los mismos pasos que la tarea de limpieza de la habitación); Cuantas más habitaciones y casas hagas, más generalizará el perro las casas y las habitaciones y comprenderá mejor lo que estás preguntando. Esto generará neutralidad en todos los entornos para esta tarea.

**Encender y Apagar Interruptores de Luz:** Ahora que tu perro puede registrar toda una casa (o al menos una habitación), sería bueno que pudiera encender las luces para aliviar aún más tu ansiedad. Esto también es útil por las mañanas cuando te levantas de la cama y cuando te vas a dormir por la noche. Lo más fácil que puedes hacer es comprar una lámpara de activación táctil para tu hogar. Primero repasaremos cómo entrenar para la lámpara táctil activada y luego pasaremos a la tarea más compleja de los interruptores de luz.

- Empieza con tu frase inicio.

- Ten la luz enchufada y frente a ti y tu perro.

- Si has enseñado el comando de cierre para gabinetes, esto debería ser fácil.

- Toma un trozo de cinta o una nota adhesiva y colócalo sobre la lámpara donde el perro debería estar tocando.

- Pídele a tu perro que "toque" (solo con la nariz, lo explicaré más adelante).

**Solución de problemas:** Si a tu perro le cuesta entender lo que se espera de él, vuelve a lo básico. Pega el trozo de cinta adhesiva a tu mano y comienza a moverla hacia la lámpara para que tu perro entienda a donde su cuello debe estirarse o doblarse.

- Después de que tu perro haya presionado suficiente la cinta de la lámpara, agrega distancia. Comienza desde un pie de distancia y aumenta la distancia solo si es consistente con la distancia anterior.

- Una vez que estés satisfecho con la distancia, vuelve a la lámpara y haz tres repeticiones con la cinta a una distancia corta y luego corta la cinta por la mitad y haz una cuarta repetición. Comienza a agregar la palabra que te gustaría usar, como "lámpara" o "luz". Continua hasta que tu perro domine el trozo más pequeño de cinta. Añade distancia.

- Una vez contento con su distancia y repeticiones exitosas, vuelve a la lámpara. Quita la cinta completamente. Y da tu mando. Si está confundido, vuelve a agregar la cinta para tres repeticiones y para la cuarta, quítele la cinta. Continua hasta alcanzar su objetivo y agrega distancia de la misma manera que lo hiciste en los pasos anteriores.

- Ahora que es competente con la lámpara táctil; es hora de dominar los interruptores de luz. Necesitarás ser un poco creativo y astuto con tu cinta para esto. Aunque no es convencional, esta es la forma más rápida que he encontrado para comunicar esta tarea a un perro.

- Comienza con un trozo de cinta adhesiva en la pared al nivel de los ojos de tu perro.

- Pídele a tu perro que lo "toque" solo con la nariz. Luego, eventualmente, le pediremos a tu perro que ponga sus patas en la pared para encender y apagar la luz. No solo es más complicado de maniobrar para el perro, sino que también podría dañar la pared si usa su pata para presionar el interruptor de la luz. Especialmente al principio, cuando apenas se está acostumbrando.

- Empieza a mover la cinta más arriba en pequeños incrementos. Si lo haces demasiado rápido, es posible que tu perro no se sienta lo suficientemente seguro como para intentar alcanzarlo.

- Muévelo hacia arriba hasta que la cinta esté a la misma altura que los interruptores de luz. Debe tener alrededor de cuatro pies de altura.

- Haz algunas sesiones para que tu perro se sienta cómodo al alcanzar esta altura.

- A continuación, (aquí es donde se pondrán a prueba tus habilidades en manualidades) haz un interruptor de luz con la cinta. Usa un trozo plano de cinta adhesiva en la pared con otro trozo de cinta doblado por la mitad a lo largo. Los extremos de la cinta ensánchalos para pegar la cinta en la pared. Debe colocarse a la altura de los ojos de tu perro.

- Pídele a tu perro que lo toque y recompensa las buenas intenciones. El objetivo es que empuje hacia arriba la solapa. Ahora agrega tu comando para esto.

- La primera vez que empuje hacia arriba la solapa, haz clic y dale un gran premio. Da un premio grande a los empujones hacia arriba y luego solo recompense normal los empujones hacia arriba. Usa tu juicio para saber cuando hacer el cambio a solo recompensar levantar la solapa.

- Aumenta la distancia con el interruptor de luz improvisado a esta altura. Premia las buenas intenciones.

- Mueve lentamente el interruptor de luz de cinta improvisado a la altura del interruptor de luz real.

- Una vez que tu perro se sienta cómodo con esta altura, agrega distancia. Asegúrate de hacer clic y recompensar las buenas intenciones cada vez que agregues más distancia o altura. Sin embargo, solo debes avanzar si está empujando constantemente con la nariz la solapa hacia arriba.

- Ahora que tu perro es un profesional con el interruptor de cinta, dobla un trozo de cinta sobre el interruptor y asegúralo en su lugar alrededor de la palanca del interruptor real con otro trozo de cinta si es necesario.

- Comienza cerca del interruptor y dale a tu perro el comando que has estado usando para el interruptor de luz hecho con cinta. Si tiene problemas con esto, vuelve al último paso en el que se sentía seguro.

- Recompensa las buenas intenciones, como saltar, saltar y oler el interruptor de la luz, o saltar y presionar el interruptor. Todos estos te llevarán a tu objetivo.

- ¡Da un gran premio en cualquier ocasión que tu perro haga progresos y termina con una buena nota!

- Una vez que tu perro encienda la luz con éxito, puedes comenzar a dejar la luz encendida y pedirle que encienda la luz; tu perro debería frustrarse y probar otras formas de tocar el interruptor. Accidentalmente, eventualmente apagará la luz, y esto lo hará merecedor de un premio grande. Esto requiere mucha paciencia.

- En el momento en que comprenda que el interruptor se puede encender y apagar, puedes agregar una palabra diferente para diferenciar entre las dos acciones. Dependiendo del perro, es posible que debas agregar un comando por separado, o su perro puede entender si el interruptor está hacia arriba para bajarlo y viceversa.

**Quitar la manta:** Muchas personas con perros de servicio pueden sufrir depresión y, como muchas personas con depresión, a veces es difícil levantarse de la cama. Tener la responsabilidad de un perro a veces puede ser un incentivo suficiente. Sin embargo, en algunos casos, es posible que necesite un poco más. En otros casos, es posible que no pueda quitarse la manta de su cuerpo físicamente. Esta es una tarea divertida y fácil para tu perro, especialmente si entiende algunos de los comandos anteriores, como desvestirse, abrir y cerrar la cremallera.

- Como mencioné antes, cada perro es diferente y, por lo tanto, lo que funciona para algunos perros puede no funcionar para otros.

- Dicho esto, es posible que tu perro, por ejemplo, no quiera quitar tu manta. Sin embargo, si es creativo, primero puedes atar un trozo de cuerda a la esquina de tu manta y continuar desde allí. A los efectos de la explicación, tu perro tirará de la manta (si necesita ayuda con la transición de la cuerda, aplica la base de la cremallera en la sección etiquetada como "desvestirse").

- Inicia la sesión con tu frase inicial y siéntate en una silla con una manta sobre tu regazo.

- Invita a tu perro a tirar de la manta (o de la cuerda si así lo deseas).

- Tu perro ha visto esto antes si ha realizado las otras tareas, por lo que debería entenderlo bastante rápido.

- Luego, acuéstate en la cama con la manta sobre ti. Atrae a tu cachorro para que tire de la manta. Premia las buenas intenciones y dale el premio gordo si lo logra por completo.

- **Consejo:** Si quieres ponerte elegante, puedes hacer que el comando sea tu despertador para que cuando suene tu alarma, ¡tu perro te arranque la manta!

**Post:** Muchas personas que necesitan un perro de servicio aprecian el espacio (incluso las personas que no necesitan un perro de servicio). Algunos incluso lo requieren si padecen ansiedad u otro trastorno psicológico. Los perros pueden mitigar esta ansiedad sirviendo como una barrera entre usted y otras personas. Esto es útil en filas y / o en áreas concurridas. Para comenzar esta lección, toma una toalla como la que usaste cuando le enseñaste a tu perro el comando de lugar.

- Pon la toalla en el suelo y engancha a tu perro con la correa.

- Atrae a tu perro hacia la toalla con la correa y recompénsalo por pararse sobre ella.

- Una vez que tu perro se dé cuenta de por qué está siendo recompensado, pídele que se siente o se acueste cuando esté sobre la toalla. Para explicarlo mejor, le pediremos a su perro que baje.

- Una vez que tu perro se mueva con soltura hacia la toalla y se acueste sin que se lo pidas, di la palabra "post" y lleva a tu perro hacia la toalla. Haz clic y da un premio grande. Puedes usar el comando que más te guste para esta tarea.

- A continuación, párate frente a la toalla y dele a tu perro el comando de tarea que elegiste. Ayúdalo usando la correa para guiarlo detrás de ti. Recompensa con un gran premio.

- Luego agrega el comando "abajo". Prueba tres repeticiones diciéndole que baje y la cuarta vez sin hacerlo. Premio grande por la progresión.

- Ahora es el momento de quitarle la correa. Inténtalo sin la correa. Si está confundido, usa comida para atraerlo hacia la toalla detrás de ti. Recompensa por ponerse en posición detrás de ti, no por acostarse.

- Una vez que esté acostumbrado a ir detrás de ti sin la ayuda de la correa, agrega nuevamente el comando "abajo".

- El último paso es quitar la toalla.

**Solución de problemas:** Si tu perro está confundido por la ausencia de la toalla, dobla la toalla para que sea más pequeña y haz tres repeticiones que sean exitosas y para la cuarta repetición, retírala. Repite esto hasta que consigas una repetición exitosa sin la toalla, haz clic, da un premio grande y termina con esa buena nota.

- Otra forma de hacerlo es que tu perro se pare frente a ti para crear una barrera. Esto no tiene por qué ser un comando. Muchas personas que utilizan este comportamiento son provocadas por personas que se les acercan demasiado rápido. Puedes usar esto como una señal para que tu perro se ponga delante de ti cuando estés parado (para que no te tropieces con él). La señal es una persona que camina demasiado rápido hacia ti.

- Primero, debes enseñar la misma acción que fijar en tu espalda. Esto significa llevar la toalla al frente y atraer a tu perro con una correa al frente. Paso a paso, retira sus ruedas de entrenamiento hasta el punto en que tu perro siga la guía de su correa hacia ti frente en la toalla.

- Escoge a tu ayudante de mayor confianza y colócalo a unos 10 pies de distancia de ti. La distancia realmente depende de ti.

- Haz que camine hacia ti a un ritmo que te molestaría si fuera un extraño o alguien que no conoces también. Asegúrate de que tu perro mire hacia adelante.

- Una vez que llegue a la mitad, guía a tu perro frente a ti. ¡Haz clic y da un premio grande!

- Es muy probable que esto requiera muchas repeticiones. Mantén las lecciones breves, y una vez que tu perro se mueva de manera preventiva frente a ti al captar la señal y juntar la imagen, puedes quitar la toalla. Premia el progreso o cualquier repetición que te haya impresionado.

**Control en la multitud:** Los perros de servicio pueden ayudar a las personas a las que no les va bien en áreas concurridas. En la tarea anterior, hablamos sobre lo que debe hacer tu perro si estás parado, pero ¿qué pasa si estás caminando? Aún quieres que la gente mantenga la distancia para no engentarte. El comportamiento de dar vueltas a tu alrededor es una tarea eficaz que te servirá como tu propio control personal de multitudes.

- Comienza de pie en un solo lugar, inmóvil.

- Mantén a tu perro atado y a tu lado, guíalo alrededor de tu cuerpo y de regreso al mismo lado. Haz clic y recompensa.

- Es importante que elijas un lado y una dirección para el círculo, esto es para darle a tu perro una mejor oportunidad de entender lo que se le pide.

- Da la orden una vez que tu perro sea guiado sin esfuerzo a tu alrededor por la correa.

- Cuando le des la orden, asegúrate de dar la orden y luego guiarlo alrededor de tu cuerpo. Esto hará que el proceso sea más fácil para tu perro, y escuchará tus órdenes verbales en lugar de lo que está haciendo tu cuerpo. Si realizas la acción de guiar a tu perro durante o antes del comando, tu perro buscará tu gesto guiándolo en lugar del comando verbal.

- Una vez que te esté ganando con la guía de la correa, puedes agregar más círculos. Comienza con una única recompensa (el premio mayor la primera vez) cuando el perro dé dos vueltas.

- Eventualmente, tu perro comprenderá que debe dar vueltas más de una vez para recibir la recompensa. Esperar a tu perro en este punto lo alentará a seguir dando vueltas. La frustración aumentará su impulso para seguir dando vueltas a tu alrededor hasta que hagas clic y le recompenses.

- Alternativamente, puedes continuar agregando círculos gradualmente (solo avanzando una vez que tu perro domine el último número de círculos).

- Sugiero conseguir de siete a diez círculos continuos y luego comenzar a marcar al azar. La aleatoriedad hará que tu perro continúe rodeándote, solo prestando atención al marcador como una señal para detenerse y recibir un pago (recompensa).

- Una vez que esto sea fácil para ti, da un paso mientras tu perro está dando vueltas y luego haz clic y dale el premio gordo.

**Solución de problemas:** Si tu perro se detiene cuando das un paso, recompénsalo tres veces por dar vueltas mientras estás parado y en la cuarta repetición, solo mueve ligeramente la pierna hacia adelante como si fueras a dar un paso. Haz clic y recompensa. Continua con esto gradualmente y da un premio grande al primer paso que dé.

- Luego da dos pasos y da el premio grande. ¡Mantén estas sesiones breves y divertidas! Continua hasta que puedas caminar en línea recta y tu perro te rodee continuamente.

- Para comenzar a girar, comienza parado y simplemente gira tu cuerpo 90 grados en una dirección, haz clic y premia a tu perro. Luego, puedes comenzar a agregar el giro después de los pasos hacia adelante. Pronto caminarás con fluidez con tu perro creando una zona de amortiguación entre tú y el mundo.

- Recuerda, cada vez que tu perro se confunda, vuelve al último paso en el que se sentía seguro.

**Subir una silla de ruedas por una rampa:** Muchas personas con problemas de movilidad tienen dificultades para subir y bajar escaleras. Si tienes este problema, es posible que puedas utilizar a tu perro de servicio para estabilizarte cuando subas y bajes las escaleras. Sin embargo, para aquellas personas que están en silla de ruedas, deben usar una rampa. Dependiendo de su condición física, es posible que no puedan subir físicamente la silla por la rampa. Para ello, podemos utilizar tu perro de servicio. Asegúrate de que tu perro esté en buen estado de salud y lo suficientemente fuerte como para tirar de tu peso corporal más la silla. Si estás en silla de ruedas, para empezar, es posible que debas sentarte en una silla o en el suelo al principio. También debes encontrar una cuerda que luego puedas sujetar de manera segura a su silla de ruedas.

- Comienza con tu frase de inicio.

- Entrégale la cuerda a tu perro y anímalo a tirar de ella. Recompensa cualquier tirón y da un gran premio a los tirones rectos hacia atrás.

- Permite que tire de tu torso hacia adelante en línea recta y premia este comportamiento tranquilo. Ignora si se frustra y no recompenses hasta que el perro esté tranquilo.

- Tu perro debe tirar constantemente mientras camina hacia atrás hasta que escuche el marcador y sea recompensado.

- Cuando estés seguro de que tu perro entiende esto, busca un objeto (como una canasta de plástico para la ropa sucia) al que puedas sujetar la cuerda.

- Con la cuerda atada, incita a tu perro a tirar de la cuerda nuevamente. Haz clic y recompensa cualquier tirón que mueva el objeto. Recompensa los pasos firmes hacia atrás. Puedes agregar tu palabra de comando aquí.

- A continuación, agrega más peso (es fácil si estás usando una canasta de plástico para la ropa).

- Si a tu perro le va bien con esto, vuelve a quitar el peso y dirígete a la rampa.

- Si es posible, baja la rampa para que tengas una pendiente menor.

- Coloca el objeto que tu perro jalará hacia la parte de arriba con la cuerda lo más cerca de la parte superior.

- Haz *clic* y recompensa a tu perro por jalar de la cuerda, pero solo el premio gordo cuando tire de la canasta hacia la parte superior.

- Mueve la canasta más abajo en la rampa en la misma pendiente. Continua hasta que sea eficiente haciéndolo.

- Una vez que haya tirado con éxito de la canasta de manera metódica desde la parte inferior de la rampa hasta la parte superior en la pendiente más baja, mueve la rampa hacia arriba y comienza de nuevo. Luego comienza a agregar peso nuevamente.

- Cuando vuelvas a agregar peso, baja la rampa nuevamente y comienza con la cesta en la parte superior.

- Cuando tu perro se sienta seguro con esto, comienza a recompensarlo solo por tirar de la canasta desde la parte inferior hasta un pie más allá de la rampa en la parte superior.

- La razón por la que estamos dando pasos tan pequeños es porque queremos garantizar tu seguridad y también la de tu perro. Cuanto más cómodo se sienta tu perro con esta tarea, más seguro estarás tu.

- Luego, regresa a una superficie plana y sujeta con seguridad la cuerda que has estado atando a tu silla de ruedas vacía.

- Muestra la cuerda atada a tu silla de ruedas vacía a tu perro y pídele que la jale.

- Da el premio mayor cuando la silla de ruedas se mueva. Premia las buenas intenciones.

- Cuando esté moviendo constantemente la silla de ruedas de una manera metódica tirando de ella y retrocediendo en línea recta, puedes llevarlo a la rampa. Recuerda, solo debe soltar la cuerda y dejar de tirar cuando escuche tu marcador.

- En la rampa, colócala en un ángulo más bajo y coloca la silla de ruedas en la parte inferior. Intenta tres repeticiones de tirar de la silla de ruedas vacía en el suelo plano y luego colócala en la parte inferior de la rampa.

- Coloca a tu perro en la parte inferior y dale la orden de tirar de la silla de ruedas. Recompensa cualquier tirón, solo da el premio grande si la lleva hasta la cima. Asegúrate de animarlo todo el tiempo, ya que esto puede no ser fácil para tu perro.

- Lentamente sube la pendiente de la rampa y comienza a recompensar solo cuando tire de la silla de ruedas un pie más allá de la rampa en la parte superior.

- Solo cuando esté tirando constantemente de la silla de ruedas vacía hasta un pie más allá de la parte superior en la inclinación más alta, puedes comenzar a agregar peso a la silla de ruedas. Sugiero usar libros o pesas estilo gimnasio si las tienes.

- ¡Todavía no han llegado a la meta! Coloca un aproximado a la mitad de tu peso corporal en la silla de ruedas y pídele que la arrastre sobre una superficie plana. Recompensa solo cuando esté tranquilo y sujete la cuerda. Solo debe soltarla cuando escuche el marcador.

- A continuación, agrega el resto del peso. De hecho, no está de más agregar algunas libras más de lo que pesas. Continua con el nuevo peso sobre una superficie plana.

- Asegúrate de que esta haciendo esto con eficiencia el cien por ciento del tiempo antes de pasar a la rampa.

- Una vez en la rampa, vuelve a mover la pendiente a un nivel bajo. Saca la mitad del peso y pídale que suba la silla de ruedas con la mitad de tu peso por la rampa. Premio mayor si lo completa, recompensa los intentos y anima siempre mientras tira.

- Lentamente suba la pendiente con la mitad del peso en ella.

- Cuando tu perro domine ese peso, pon el peso completo y baja la rampa nuevamente. ¡Gracias por ser tan paciente, pero entenderá por qué si se salta estos pasos puede ver a su perro dejar caer la silla de ruedas completamente pesada por la rampa!

- Nuevamente, solo dé el premio mayor a su perro por tirar de la silla de ruedas con el peso completo por la rampa un pie más allá del borde. Solo recompense si hace una línea recta tranquilamente.

- Una vez que tu perro esté tirando de la silla de ruedas con peso completo hacia arriba en una pendiente completa de manera constante y segura en todo momento, ¡es hora de ponerte en el asiento!

- Por supuesto, primero hará esto en una superficie plana. Primero haz que tu perro tire de la silla de ruedas con peso falso sobre una superficie plana, hagan aproximadamente tres repeticiones consistentes, y luego, en la cuarta repetición, reemplaza el peso contigo mismo.

- SÓLO recompensa a tu perro si no te suelta y tira hasta que escuche el marcador. No avances hasta que esto sea exacto.

- Solo haz clic cuando estén a un pie más allá de la parte superior de la rampa. Cuando te sientas seguro de tu perro, comienza a subir la rampa. Si comienza a sentirse menos seguro, practica una inclinación más baja hasta que esté listo para volver a subir.

- Sugiero al menos cincuenta repeticiones limpias de cada inclinación incrementándola antes de probar la rampa a la altura máxima. ¡La seguridad primero!

- ¡Recuerde mantenerlo divertido y alentador para tu perro!

**Recordatorio de medicación:** Muchos de nosotros podemos ser olvidadizos mientras las horas pasan día a día. Para algunos, pasarse de la hora que necesitan para tomar sus medicamentos podría ser perjudicial para su salud y su vida. Incluso si configuras una alarma, es posible que tengas problemas de audición o que estés lejos de la alarma en ese momento. Aquí es donde entra tu perro. ¿Alguna vez notaste cómo tu perro sabe exactamente cuándo es la hora de la cena? Esto se debe a que son expertos en rutina. ¡Les encanta la rutina! Dicho esto, es natural utilizar su reloj interno con el propósito de mantenerte saludable. Hay algunas formas en que podemos hacer esto y también algunas alertas. Para explicarte mejor, le estaremos enseñando a tu perro cómo encontrar tu medicamento y llevártelo a la hora del día en que lo tomes todos los días. Es posible que tu perro tarde un poco en aprender. Creo que la mejor manera es concentrarse en esta tarea para la mayoría de las lecciones que realiza. Primero, debemos enseñarle a tu perro cuáles son tus medicamentos, dónde se guardan y cómo conseguirlos.

- Comienza la lección con tu frase inicial.

- Te sugiero que guardes los envases de tu medicamento en una bolsa de plástico con cierre hermético para la seguridad de tu perro.

- Comienza con una bolsa de plástico vacía y repite los pasos para sujetar y traer. Crea distancia. Una vez que te esté trayendo la bolsa de plástico de manera competente, agrega el medicamento dentro de la bolsa de plástico con cierre hermético.

- Luego, comienza a agregar el sonido de alarma de tu medicamento (este sonido de alarma debe ser exclusivo de tu medicamento). Utiliza el sonido de la alarma seguido inmediatamente por el comando. Solo da el premio mayor cuando reacciona al sonido de la alarma y no a tu comando de voz.

- Una vez que esté haciendo esto de manera constante, puedes colocar el medicamento en el lugar donde normalmente se encuentra.

- Empieza cerca de la ubicación y reproduce el sonido de la alarma seguido de tu comando de voz.

- Agrega distancia lentamente cada vez que lo haga bien.

- Empieza a reproducir el sonido en otras habitaciones. Si se confunde, continua con el paso exitoso anterior.

- Cuando tu perro esté haciendo esto sin fallas y divirtiéndose, deja de hacer las lecciones. ¡Así es! Este divertido juego termina y se convierte en un regalo diario (es posible que esto no suceda rápidamente).

- Supongamos que tomas tu medicamento a las 9 a.m. cada mañana. Configura la alarma para tu medicación a esa hora y cuando suene por primera vez, ordena a tu perro que traiga tu medicación. Gracias al perro de Pávlov, sabemos que esto desencadenará una respuesta condicionada (especialmente si es a la misma hora todos los días porque a los perros les encanta la rutina constante y la previsibilidad), y tu perro irá a buscar tu medicamento por ti.

- Esto puede tardar hasta un mes en ser completamente consistente, así que se paciente y ayuda a tu perro cuando se atore. Cada recompensa por esto debería ser un gran premio y, durante un tiempo, debería ser el único premio de mayor valor. Esto significa que cualquier otro premio mayor que obtenga debería ser solo una mayor cantidad de su recompensa regular, no una comida mejor diferente por completo.

**Tomar artículos del estante de la tienda:** Si estás en silla de ruedas, puede resultarte difícil alcanzar los artículos de los estantes superiores en la tienda e incluso en casa. Afortunadamente, si tu perro de servicio es lo suficientemente alto, ¡puede hacer esto por ti! Tendrás que usar un estante en casa (sugiero limpiarlo primero) y agregar el artículo que tomará con frecuencia.

- Comienza en un estante bajo, aproximadamente al nivel de los ojos de tu perro. Pídele que lo tome. Si tiene problemas con esto, comienza más abajo o más cerca de ti.

- Lentamente levanta el artículo más arriba en el estante. Da una Buena recompense por ser suave, ya que lo hará en las tiendas.

- Una vez que domine este objeto en el nivel más alto que pueda alcanzar, cambia a un objeto diferente y repite los pasos.

- Comienza en el estante bajo y muévelo lentamente hasta lo alto. Y luego cambia a otro objeto.

- Cualquier artículo servirá. Cuanto más diferente y aleatorio, mejor. Prueba con un libro pequeño y liviano, levántalo de manera que quede vertical con la encuadernación hacia afuera.

**Solución de problemas:** Si tu perro tiene problemas para agarrar el libro, déjalo colgar del borde un poco de lado al principio. Levántalo por los niveles del estante y luego bájalo y gíralo verticalmente, dejándolo colgar del borde.

Todo el camino hasta el estante, y luego comienza de nuevo con la vertical empujada un poco más atrás. Señalar también será de gran ayuda para tu perro como una señal visual cuando vaya a la tienda a hacer esto.

- Cambia a un libro más pesado una vez que lo haga bien con el libro más ligero.

- A continuación, intenta usar artículos que se encuentran comúnmente en la tienda. Puntos extras por artículos que encontrará en el estante superior y que compra con regularidad. La idea es que se acostumbre lo más posible a lo que hará en la tienda. Prueba esto en diferentes habitaciones y en casas de amigos y familiares primero si puedes.

- Cuando te sientas seguro, es hora de ir a la tienda y probarlo.

- Tienes que estar tranquilo y relajado. Si no es así, no lo intentes ese día.

- Lleva algunos artículos que tu perro reconozca del ejercicio de estantería en casa.

- Busca un área aislada de la tienda con poco tráfico y coloca uno de los artículos en un estante bajo. Comienza a colocarlo lentamente en estantes más altos y en diferentes áreas. Da un premio grande por cualquier progreso o cualquier cosa que te impresione.

- Comienza a pedirle a tu perro que tome los artículos de la tienda en los estantes bajos. Haz esto por un rato y luego sal de la tienda. No se recomienda que hagas esto mientras realmente necesitas comprar. Toda tu energía debe ir a tu perro mientras aprende esta complicada tarea.

- La próxima vez que regreses, comienza en el estante bajo y luego pídele que saque los artículos de un estante un poco más alto y practica esto para este viaje. Da un gran premio al final.

- ¡Continua con esto en cada viaje hasta que tome artículos del estante superior! También puedes dar nombres a diferentes artículos, pero con el propósito de explicar mejor la acción, no se hizo durante la lección. Te sugiero que te ciñas a un elemento a la vez si planeas hacer esto.

**Poner artículos de la tienda en el carrito:** Ahora que tomó tus artículos del estante, es hora de depositarlos en el carrito de compras. Encontrarás esto similar a la tarea de la cesta de la ropa con algunas ligeras variaciones.

- Primero, consigue la misma canasta de ropa sucia que usaste antes. Di tu frase inicial y luego pon la canasta un poco más alta de lo habitual. Quizás en una pila de libros o en una mesita baja.

- Usa un artículo con el que tu perro tenga más éxito al realizar la tarea del estante y coloca a tu perro a aproximadamente un pie de la canasta.

- Pídele a tu perro que ponga el artículo en la canasta. Si tiene problemas con esto, pon la canasta en el suelo para algunas repeticiones.

- Prueba esto con algunos artículos diferentes y luego comienza a levantar la canasta más alto.

- Tu objetivo debe ser conseguir que la cesta sea tan alta como el carrito de la compra.

- A continuación, debes encontrar una canasta notablemente diferente. Cuanta más variedad de cestas o cubos uses para este ejercicio, más fácil será cuando lo haga en público en la tienda. En ese sentido, también debes practicar esto en diferentes habitaciones e incluso en las casas de otras personas si puedes.

- Una vez que tu perro está colocando el artículo en la canasta elevada, podemos pasar al siguiente nivel.

- Coloca un artículo familiar en una superficie cerca de la canasta baja.

- Pídele a tu perro que lo lleve a la canasta, señala el artículo que deseas que recoja y di "traer" y, una vez que lo haga, señala la canasta y di "canasta".

- Prueba esto con algunos objetos diferentes.

- A continuación, coloca el artículo en el estante que usaste originalmente para entrenar la tarea del estante para hacer lo mismo. La canasta debe estar relativamente cerca del estante. Señala el artículo y di "traer", luego, señala la canasta y di "canasta". Muy claro.

- Después de completar esto hasta el punto de una precisión constante del 100%, puedes continuar agregando altura al estante de forma incremental.

- Intenta mover la canasta para que, para cada repetición, esté en un lugar diferente.

- Luego, comienza a agregar altura a la (s) canasta (s).

- Varía los artículos también. Cuanto más inconsistente sea, mejor. Como se explicó anteriormente, esto significa que la forma en que lo enseña debe seguir siendo la misma, pero ciertos factores son aleatorios. En este caso, las variables son la altura de la canasta, la altura de los artículos y los artículos en sí y la distancia entre la canasta y el estante.

- Una vez que tu perro tome los artículos del estante superior y los deposite en la canasta elevada, puedes agregar distancia desde el estante hasta la canasta.

- Cuando te sientas seguro de la capacidad de tu perro para realizar esta tarea en diferentes estantes con diferentes canastas en diferentes lugares, ¡es hora de ir a la tienda!

- Sugiero usar primero una de esas cestas de plástico de mano primero y elegir artículos del estante inferior.

**Solución de problemas:** Si tu perro está confundido, sal y continua en casa o usa un artículo familiar para que tu perro lo saque del estante. Recompénsalo si saca un artículo del estante pero se confunde sobre dónde ponerlo y da un gran premio por ponerlo en la canasta.

**Solución de problemas:** También puedes optar por pedirle a tu perro que te quite un artículo y lo ponga en la cesta de la tienda. Esto lo descompondrá más para tu perro.

**Entrega de efectivo o tarjetas de crédito al cajero:** Ahora que todos tus artículos han sido cargados en el carrito, ¡es hora de ir a pagar! Sin embargo, tu silla de ruedas está restringiendo tu capacidad de entregar el dinero al cajero. ¿Qué vas a hacer? ¡Utilizar a tu hábil perro de servicio, por supuesto!

- Para esta lección, necesitarás una tarjeta de crédito caducada, Monopoly o dinero / papel de juguete y un ayudante.

- Comienza con tu frase de inicio.

- Ten a tu ayudante frente a tu perro, y tu debes estar en el medio pero a un lado.

- Para explicarlo mejor, diré tarjeta de crédito como el artículo que está utilizando. Puede usar toda su billetera, cartera o efectivo.

- Entrega tu tarjeta de crédito (usa primero una tarjeta vencida para que si se daña durante el entrenamiento, no importe) a tu perro y luego pídele a tu ayudante que le quite la tarjeta a tu perro. Haz clic y recompensa tan pronto como tu ayudante tome la tarjeta.

- Repite esto hasta que puedas ver que tu perro se da cuenta del patrón.

- A continuación, haz lo mismo durante tres repeticiones y luego, para la cuarta repetición, haz que tu ayudante espere. Puede llevar un tiempo, pero tu perro debe hacer un movimiento de cabeza hacia el ayudante. Si hace esta conexión, ¡haz clic y dale el premio mayor!

**Solución de problemas:** Si le funciona a tu perro, puedes pedirle a tu ayudante que diga "traer" para cerrar la tarea.

- Una vez que tu perro comprenda el intercambio, tu y tu ayudante pueden comenzar a poner distancia entre ustedes.

- Ahora puedes jugar a pasar la tarjeta. Haz que tu perro te quite la tarjeta, se la dé a tu ayudante y luego te la devuelva. Dale a tu perro una recompensa por llevárselo al ayudante, y el premio mayor por completar la tarea al devolvértelo a ti. Pero recuerda, tu debes ser el único gratificante. Tu perro debe entregarle la tarjeta al ayudante, luego haces clic y tu perro debe regresar a ti para recibir la recompensa. Luego, tu ayudante puede atraer a tu perro para que regrese, entregarle la tarjeta a tu perro y luego tu puedes decir "traer" y darle el premio mayor a tu perro por devolver la tarjeta.

- Luego, acorta la distancia entre tu y tu ayudante y coloca una mesa baja u otra superficie entre ustedes. El perro debe estirar la mano por encima de la mesa para dar la tarjeta.

- Una vez que tu perro esté navegando con soltura por este obstáculo, levanta la superficie. Continúa haciendo esto gradualmente hasta que la superficie esté al nivel del mostrador.

- Cuando vayas a la tienda, informa al cajero que esta tarea aún se encuentra en las etapas iniciales. Serán comprensivos y ayudarán en todo lo que tu perro necesite.

- Para aumentar tus probabilidades de éxito, no utilices siempre el mismo ayudante. Esto preparará a tu perro para entregar objetos a extraños.

**Encontrar el coche:** Ahora pagaste por tus comestibles y los cargaste en tu carrito. Es hora de llevarlos al coche. ¡Pero espera! Si sufres pérdida de memoria y problemas de visión, ¿dónde está tu automóvil? No te preocupes; ¡Puedes entrenar a tu perro para que encuentre tu coche específico! ¡Necesitarás una cinta adhesiva para esto!

- Comienza con tu automóvil en el camino de entrada. Di a tu perro tu frase inicial.

- Coloca un trozo de cinta adhesiva en cualquier lugar del automóvil que esté al nivel de los ojos de tu perro.

- Pídele a tu perro que toque la cinta. Continua con esto hasta que la esté tocando constantemente todo el tiempo. Ahora añade la frase "encuentra el coche".

- Empieza a agregar distancia poco a poco.

- Cuando tu perro esté haciendo esto rápidamente, enganche su correa y deje que la arrastre detrás de él.

- Luego, deja que te lleve al auto mientras sostienes la correa. Tú controlas la velocidad. Esto puede obstaculizar al perro, pero sigue animándolo a encontrar el coche.

- Una vez que tu perro te esté guiando de manera eficiente hacia el automóvil que está a la vista, salga de la vista del automóvil y pídale que "busque el automóvil".

**Solución de problemas:** Si tu perro no está seguro una vez que el automóvil está fuera de vista, vayan a un lugar donde pueda ver el automóvil, pero esté junto a la persiana, la pared o el árbol, etc. Y de el premio mayor si tiene éxito. Luego, gire en una esquina para perder de vista el automóvil y vuelve a intentarlo.

- Cuando tu perro encuentre con éxito el automóvil fuera de la vista, mueve el automóvil.

- Practica estos pasos en un estacionamiento y mueve el automóvil a diferentes espacios. ¡Haz que sea siempre un juego divertido para tu perro!

**Llevar de la tienda de comestibles:** ¡Finalmente, estás en casa y ahora necesitas traer los alimentos que tu y tu perro eligieron y compraron juntos! A estas alturas, tu perro te lleva artículos sin esfuerzo, pero ¿qué tal si los lleva por ti? Algunas personas necesitan ayuda para llevar bolsas de la compra o tal vez su bolso. Para esta guía, le enseñaremos a tu perro cómo llevar una bolsa de supermercado reutilizable. Si no tiene una, puede comprar una por menos de un dólar en cualquier supermercado. No solo son excelentes para el medio ambiente, sino que también son más fáciles de sostener para tu perro.

- Mantén a tu perro con correa.

- Muéstrale la bolsa de la compra vacía sujetando el lado del asa frente a tu perro.

- Pídele a tu perro que "sujete" el asa. Haz clic y recompensa.

- Para la próxima recompensa la duración. Una vez que haya acumulado duración con la bolsa de la compra, estas listo para poner a tu perro en movimiento.

- Con tu perro frente a ti, retrocede un paso mientras sostienes la bolsa vacía. Usa la correa para guiar a tu perro a caminar contigo.

- Tan pronto como dé el primer paso, di "Bien", haz clic y da el premio mayor.

- Recuerda, toma la bolsa antes de darle el marcador a tu perro.

- Continua con este paso hasta que pueda caminar unos cinco pasos hacia atrás.

- Ahora es el momento de desafiar la propiocepción de su perro. Muévete al lado de tu perro y pídele que sujete el asa.

**Solución de problemas:** Si tu perro intenta girar hacia el frente de ti, intenta usar una pared o algún tipo de barrera para detener esto.

- Una vez que sea capaz de permanecer al lado y sostener la bolsa durante unos cinco segundos, da un paso, luego haz clic y dale el premio mayor.

- Construye los pasos como lo hiciste cuando tu perro caminaba frente a ti. Recuerda, si tu perro no está de humor para aprender, ponlo en su jaula y sácalo unos minutos después. Sé feliz y alentador para tu perro.

**Asistencia en el transporte:** Cuando se vaya a dormir por la noche y se mueva de la silla de ruedas a la cama, es posible que necesite ayuda en la transición. Afortunadamente, con esto en mente durante la selección, eligió un perro que es adecuado para esta tarea porque es robusto y fuerte. Sin embargo, es posible que algunos perros no comprendan tus necesidades y, debido a esto, deben estar entrenados para aceptar tu peso a medida que avanza del punto A al punto B.

- Comienza con tu frase de inicio.

- Coloca tu mano en la espalda de tu perro entre sus omóplatos.

- Da *clic* y recompensa.

- Aumenta gradualmente la cantidad de presión que aplicas y da un premio mayor a tu perro en cada progreso.

- Ten a tu perro atado y camina con él unos pocos pasos con la mano ligeramente sobre su espalda. Recompensa los pasos pequeños y luego comienza a recompensar la duración y las distancias más largas.

- Agrega gradualmente una presión constante y recompénsalo por aceptarlo.

**Solución de problemas:** Si tu perro intenta alejarse de tu lado para aliviar la presión, vuelve a la presión con la que se sentía cómodo antes. Continua con esta presión hasta que se sientan cómodos y luego agrega la presión más lentamente esta vez.

- Ahora inténtelo desde su silla. Aplique una ligera presión con la mano sobre el lomo del perro. Haga clic y recompense.

- Continúa agregando presión y haz clic tan pronto como se levante, aunque sea un poco. Dale un gran premio a tu maravilloso perro.

- Haz esta repetición unas cinco veces y luego levántate un poco más. Haz clic y premia.

- Aumenta constantemente la presión mientras te pones de pie lentamente usando a tu perro como muleta o bastón.

- Combina los dos. Levántese de su silla de ruedas y use a su perro para caminar hasta su cama. ¡Misión cumplida! ¡Bota a tu perro!

**Mover extremidades paralizadas en la cama:** Si sus extremidades inferiores están paralizadas, meterse en la cama y sentirse cómodo puede ser una tarea tediosa. Con la ayuda de su perro de servicio, esto puede pasar un poco más rápido y causarle menos dolor de cabeza.

- Comienza completamente en la cama sin las mantas puestas.

- Ten a tu perro en el lado de la cama por el que te acuestas todas las noches.

- Con un trozo de comida, atraiga la nariz de su perro debajo de su pierna donde debe empujar (a menudo la parte superior de la pantorrilla).

- Haz esto pasando tu mano debajo de tu pierna desde el interior de la pantorrilla hacia el exterior.

- Premia las buenas intenciones cuando tu perro te toque la pierna.

- Continúa recompensando esto y luego reten el premio un poco más, esto hará que tu perro empuje más fuerte. Esto es bueno.

- Luego, comience a atraer la nariz de su perro hacia arriba una vez que esté debajo de su pierna. Premio grande si dejó su pierna incluso un poco más arriba.

- Continua con esto hasta que puedas quitar el señuelo con éxito. Sé paciente.

- Una vez que tu perro empuja constantemente su pierna hacia arriba con su nariz sin guía, puede dejar caer una pierna del costado de la cama y atraer la nariz de su perro debajo de la pantorrilla de la misma manera que lo hizo antes.

- Premia a tu perro por empujes fuertes.

- Continua con esto, pidiendo más fuerza cada pocas repeticiones, reteniendo la golosina para generar frustración, lo que hará que tu perro empuje más fuerte.

- Cuando pueda empujar con éxito la pierna hacia arriba, intente con la segunda pierna.

**Despertar al entrenador:** Ahora te has acostado, pero lamentablemente sufres de hipersomnia. Esto significa que puede dormir hasta bien entrado el día, directamente a través de las alarmas y faltar a citas, medicamentos o peor aún, ¡adiestramiento de perros! Afortunadamente, se puede entrenar a su perro de servicio para que lo despierte de forma rutinaria. Por esto, es posible que se ensucie un poco. Necesitará mantequilla de maní o miel, según sus preferencias y posibles alérgenos.

- Comienza la sesión con tu frase inicial.

- Con tu perro al lado, toma una porción pequeña del delicioso bocadillo elegido y frótalo en tu cuello o mejilla. Dale una orden a tu perro o elige el sonido de alarma que prefieras. (Debe ser diferente al sonido que eligió para la alarma de su medicación)

- No permitas que tu perro te lama antes de que suene la alarma.

- Haz clic cuando suene la alarma, señala el desorden y deja que tome la recompensa de tu cara o cuello.

- Haz esto varias veces hasta que tu perro comprenda el orden de los eventos.

- Lava tu cara.

- Reproduce la alarma nuevamente y haz clic. Puedes ayudar a tu perro señalando el lugar donde quieres que lama. Debería ser el mismo lugar que antes estaba la deliciosa sustancia.

- Una vez que estén haciendo esto, haga clic para lamer (rimas) y recompense de su mano.

- Quite el apuntador. Si su perro se confunde, practique tres repeticiones con la guía de señalación y no señale en la cuarta repetición.

- Crea una distancia entre tu y el perro.

- Toca la alarma, si tu perro viene y te lame, ¡dale el premio mayor!

- Si tiene problemas, manténgase a esa distancia, pero vuelva a señalar su cara o cuello.

- Luego, acuéstese en la cama y practique sus repeticiones a una distancia corta, luego agregue una distancia mayor.

- Una vez que sea un experto en esta tarea, comienza a poner la alarma cuando tu perro esté durmiendo. Cuando se despierte, ¡señala a tu mejilla y dale el premio mayor por ese increíble progreso!

- ¡Continúe haciendo esto hasta que se sienta seguro para dejar que la alarma suene rutinariamente por la mañana!

**Interrumpir autogolpearse:** Muchas personas que sufren de comportamientos repetitivos a menudo intentarán controlar los impulsos. Esto puede acumularse y eventualmente estallar en actos violentos, a menudo contra uno mismo. Esta toma de corriente puede ser peligrosa y causar lesiones a la persona. Si sufre de esto o algo similar, estos pasos de tareas guiados podrían mejorar enormemente su calidad de vida. ¿Recuerdas el juego en el que tenías la pata de tu perro en tus manos para revelar la recompensa? ¡Ahora es el momento de darle un buen uso!

- Comienza con tu frase de inicio.

- Recapitula con tu perro el mismo juego que aprendimos antes.

- Extienda una de sus manos con la comida escondida dentro de su puño.

- Con su otra mano, sostenga el clicker.

- La comida siempre vendrá de la mano que está tocando, al principio. Está bien cambiar de manos. De hecho, lo animo.

- Una vez que su perro esté pateando su mano con pericia, retenga el marcador. La idea es hacer que te toquen la mano continuamente hasta que marques el comportamiento.

- Cuando haya alcanzado este objetivo, comience a levantar la mano hacia su cara. Hágalo lentamente. No salte directamente a pedirle a su perro que le toque la mano en una posición completamente nueva.

- Al mover la mano de forma incremental, su perro no notará tanto la diferencia.

- No continúe con el siguiente incremento hasta que su perro esté pateando constantemente su mano de manera constante.

- Una vez que se haya llevado la mano hasta la cara, haga clic y gane el éxito de su perro.

- Continúa premiando esto por algunas cuantas sesiones.

- Cuando se sienta seguro, comience a tocar su rostro lentamente. Si su perro ve la misma imagen cada vez, será más fácil. Habiendo dicho eso, haz tres repeticiones consistentemente exitosas de la imagen anterior donde tu mano solo está levantada y estancada en tu cara, luego mueve tu mano lentamente hacia adelante y hacia atrás en un movimiento lento de golpeteo o golpe en la cuarta repetición.

- Una vez que su perro esté haciendo esto con precisión y sin detenerse hasta que escuche una palabra / sonido de marcador, acelere el movimiento. (En realidad, no te toques la cara cuando empieces a acelerar). ¡Premio mayor a cualquier progreso!

- Si tu perro lo está entendiendo bien, puede comenzar a darle esta imagen al azar a lo largo del día. Asegúrese de tener comida para recompensarlo si realiza el trabajo.

- Muchas personas agregan lamidas a esto ya que sienten que les brinda comodidad. También puede aplicar la tarea de terapia de presión profunda a esto y hacer que su perro se acueste sobre su pecho y brazos. Esto le proporcionará calidez y seguridad.

**Solución de problemas:** Si tu perro no entiende la imagen fuera del entrenamiento, mantenga la lección más corta y el premio gordo con más frecuencia.

**¿Te gusta lo que estás leyendo? ¿Quieres escuchar esto como un audiolibro? ¡Haz clic aquí para obtener este libro GRATIS al unirte a Audible!**

https://adbl.co/2Nw1wg1

# CONCLUSIÓN

¡Felicitaciones! Has completado el libro. ¡Ahora está en la posición perfecta para aprobar con éxito la prueba de acceso público ADI! Después de esta prueba, usted y su perro serán un equipo de perros de servicio certificado. Espero que hayas disfrutado de tu viaje con tu perro y de los recuerdos que has creado a lo largo del camino. Independientemente de la discapacidad que tenga, el vínculo que comparte con su compañero peludo brilla intensamente y le brindará seguridad y comodidad a la vez que promueve la independencia y la fuerza. Puede agradecer no solo a su perro, sino también a usted mismo por las hazañas que ha logrado. Atribuya su nueva calidad de vida al trabajo dedicado que le ha dedicado a su perro, su nuevo mejor amigo. En el camino de aquí en adelante, tú y tu mejor amigo alcanzarán altibajos. Aprecia los mínimos en este momento mientras esperas los máximos. Así como cada momento es un momento de enseñanza para nuestros perros, también es un momento de enseñanza para nosotros. Por mucho que le haya enseñado a su perro, piense en lo que le ha enseñado. Paciencia, comprensión, creatividad, conexión y, sobre todo, tu perro te ha enseñado y seguirá enseñándote a ti mismo. Como adiestrador de perros profesional, las mejores lecciones de vida que he aprendido son de los perros que he adiestrado. Revelarán tus defectos y los reflejarán hacia ti, lo que te obligará a afrontarlos. Una vez que lo haga, verá un aumento en su comunicación y vínculo entre usted y su perro. Cuanto más consciente sea de estos inevitables obstáculos durante su entrenamiento continuo, mejor comprenderá cómo simplificar y resolver los problemas cuando surjan. Que tenga un viaje maravilloso y satisfactorio, y no dude en volver a leer cualquier sección del libro para su mantenimiento. Recuerde, el entrenamiento nunca termina.

Por último, si este libro le resultó útil de alguna manera, ¡siempre se agradece un comentario!

# La Guía Última Para Entrenar A Su Propio Perro De Servicio Psiquiátrico

*Guía Paso A Paso Para Tener Un Perro De Servicio Psiquiátrico Extraordinario*

**Max Matthews**

**© Copyright 2022 por Max Matthews** – Todos los derechos reservados.

El siguiente libro ha sido producido con la finalidad de proveer información que sea lo más precisa y segura posible. A pesar de todo, el comprar este libro puede ser visto como consentimiento al hecho de que ambos, el publicador y el autor de este libro, no son de ninguna manera expertos en los temas que se discuten dentro de este y que cualquier recomendación o sugerencias que se hayan hecho aquí son con el único propósito de entretener. Deberá consultar a profesionales cuando sea necesario antes de emprender cualquiera de las acciones aquí respaldadas.

Esta declaración se considera justa y válida tanto por la Asociación de Abogados de Estados Unidos como por el Comité de la Asociación de Editores y se tiene que cumplir legalmente en todo Estados Unidos.

Además, la transmisión, duplicación o reproducción de algo del siguiente trabajo, incluyendo información específica, será considerado un acto ilegal independientemente de si se realiza de forma electrónica o impresa. Esto se extiende a la creación de una segunda o tercera copia del trabajo o una copia grabada y solo se permite con el consentimiento expreso por escrito del editor. Todos los derechos adicionales reservados.

La información contenida en las siguientes páginas se considera en términos generales una serie de hechos verídicos y precisos, y como tal cualquier falta de atención, uso o uso indebido de la información en cuestión por parte del lector hará que las acciones resultantes sean únicamente de su competencia. No hay escenarios en los que el editor o el autor original de este trabajo puedan ser considerados responsable de cualquier dificultad o daño que pueda ocurrir después de realizar la información aquí descrita.

Adicionalmente, la información contenida en las siguientes paginas está destinada únicamente a fines informativos, y por lo tanto, debe considerarse como universal. Como corresponde a su naturaleza, se presenta sin garantía en cuanto a su validez prolongada o calidad provisional. Las marcas comerciales que se mencionan se realizan sin el consentimiento por escrito y de ninguna manera pueden considerarse un respaldo del titular de la marca.

# Contents

INTRODUCCIÓN .................................................................................................. 1

CAPITULO 1

¿QUÉ ES UN PERRO DE SERVICIO PSIQUIATRICO? ....................... 4

CAPÍTULO 2

¿CUÁLES SON LAS HABILIDADES NECESARIAS PARA SER UN PERRO ASISTENCIA PSIQUIÁTRICA? ................................................ 19

CAPITULO 3:

COMO ESCOGER PERRO DE SERVICIO PSIQUIATRICO CORRECTO ..................................................................................... 28

CAPÍTULO 4

ELEGIR EL EQUIPO ADECUADO PARA SU PERRO ..................... 68

CAPÍTULO 5

SEGURO DE MASCOTAS Y CUIDADO DE SU PERRO DE SERVICIO PSIQUIÁTRICO ............................................................. 91

## CAPÍTULO 6

REGULACIONES GUBERNAMENTALES ................................................. 110

## CAPÍTULO 7

REQUERIMIENTO DE ACCESO AL PÚBLICO PARA PERROS DE SERVICIO PSIQUIÁTRICO ................................................. 126

## CAPÍTULO 8

ENTRENAMIENTO PASO A PASO DE UN PERRO DE ASISTENCIA PSIQUIÁTRICA ................................................. 130

## CAPÍTULO 9

GUÍA PASO A PASO PARA ENTRENAR A UN PERRO DE ASISTENCIA PSIQUIÁTRICA ................................................. 177

CONCLUSIÓN ................................................. 202

# INTRODUCCIÓN

Felicitaciones por la compra de Adiestramiento de su perro de servicio psiquiátrico 2021. Está dando el primer paso para vivir una vida con más libertad y movilidad. Un perro de servicio psiquiátrico le permite ser más interactivo en el mundo. Le da la libertad de moverse con la ayuda que necesita para tener una vida plena.

Dicen que un perro es el mejor amigo del hombre, y yo creo sinceramente que con el entrenamiento adecuado, un perro puede salvar la vida de una persona. Los perros que se utilizan como perros de servicio psiquiátrico están entrenados para ser su mejor amigo y su médium. Están capacitados para saber lo que está sucediendo en su vida antes de que usted sepa lo que está sucediendo. Están capacitados para ser altamente capacitados en el mantenimiento de su salud.

Este libro está diseñado para brindarle las herramientas necesarias para que usted entrene a su perro para que sea tan hábil como cualquier otro perro del Servicio Psiquiátrico. Aunque dividí cada sesión de capacitación en una necesidad específica basada en diagnósticos, todas pueden usarse para brindarle libertades que nunca pensó que fueran posibles. No permita que su diagnóstico se interponga en el camino para comenzar un nuevo capítulo en su vida. La discapacidad no tiene por qué ser el final de su vida. Puede ser el comienzo de una hermosa amistad entre usted y su animal de servicio psiquiátrico.

Los siguientes capítulos discutirán todos los pasos necesarios que se deben tomar para entrenar a su propio Perro de Servicio Psiquiátrico. Existen muchas habilidades y técnicas en el adiestramiento de un perro, y cada una de ellas puede brindarle más libertad y flexibilidad en su vida. Los Perros de Servicio Psiquiátrico te brindan la comodidad de saber que puedes experimentar la vida y todas sus aventuras sin preocuparte por esas molestas discapacidades que te han estado limitando. Muchas personas han descubierto que con un perro de servicio psiquiátrico, pueden pasar más tiempo en el mundo disfrutando de conciertos, restaurantes, conducir y muchas otras actividades.

Este es el libro que le dará esa libertad y tranquilidad. Comience a entrenar a su perro de servicio psiquiátrico y comience a disfrutar de la vida nuevamente en tan solo 6 semanas.

Hay muchos libros sobre este tema en el mercado, ¡así que gracias de nuevo por elegir este! Se hizo todo lo posible para garantizar que esté lleno de tanta información útil como sea posible. ¡Por favor, disfrútalo!

# CAPITULO 1
## ¿QUÉ ES UN PERRO DE SERVICIO PSIQUIÁTRICO?

Los perros de servicio psiquiátrico no son mascotas, sino una necesidad médica para quienes padecen trastornos psiquiátricos graves. Un perro de servicio psiquiátrico es un perro que está especialmente entrenado para brindar un servicio a alguien que sufre un trastorno psiquiátrico.

Si tiene un trastorno psiquiátrico, entonces es muy consciente de lo que es. Si no tiene un trastorno psiquiátrico, un poco de información le ayudará a comprender si tiene uno. Un trastorno psiquiátrico es un trastorno relacionado con la salud mental. Esto puede incluir cualquier cosa, desde ansiedad, trastorno de estrés postraumático, autismo, depresión, esquizofrenia y mucho más. Si tiene un trastorno que limita su capacidad para vivir una vida plena, es posible que necesite un perro de servicio psiquiátrico.

Un perro de servicio psiquiátrico ayuda a las personas con discapacidades a sobrevivir en un mundo que les es hostil. Les brinda la capacidad de tener experiencias de vida que de otro modo no habrían podido tener debido a sus discapacidades. Pueden tener aventuras y vivir una vida sin preocuparse por si van a tener un episodio o no.

Los perros de servicio psiquiátrico están entrenados para muchos servicios diferentes para ayudar a los discapacitados en sus actividades diarias, así como para manejar los episodios de sus discapacidades. Estos pueden ser cualquier cosa, desde alertar al propietario sobre los horarios de los medicamentos, encontrar un artículo perdido, verificar el entorno en busca de factores desencadenantes, reconocer un ataque de ansiedad que se avecina, impedir que otros se acerquen al propietario, calmarlos cuando están en un episodio y muchos más servicios.

En este libro, hablaré sobre qué tareas están disponibles para que usted entrene a su perro de servicio psiquiátrico, qué tipos de perros son mejores para entrenar, la mejor edad para comenzar a entrenar a un perro, diferentes equipos que lo ayudarán con su psiquiatría. Perro de servicio, las reglas y regulaciones gubernamentales para los perros de servicio psiquiátrico, lo que su perro de servicio psiquiátrico necesita saber para calificar como perro de servicio psiquiátrico y una guía paso a paso sobre cómo entrenar para condiciones específicas.

## ¿Cuáles son las funciones que desempeñan los perros de servicio psiquiátrico en la vida de una persona discapacitada?

Una persona discapacitada que tiene una discapacidad psiquiátrica que limita su acceso a vivir una vida plena puede recibir un mejor servicio si tiene un perro de servicio psiquiátrico como compañero. Esto puede abrirles puertas que nunca imaginaron y permitirles experimentar la vida sin limitaciones. Los perros de servicio psiquiátrico están entrenados específicamente para realizar tareas que permitan que esto suceda.

Como perro de servicio psiquiátrico, el entrenamiento puede ser intenso y específico para las necesidades de su guía. Deben adherirse a un nivel más alto de capacitación y poder manejar muchas más cosas con diplomacia. Por ejemplo, un perro de servicio psiquiátrico debe poder ingresar a un área concurrida sin ser molestado por otros animales o personas. Esto es algo para lo que deben estar capacitados. La mayoría de los perros no manejarán fácilmente a otros animales en su espacio. Sin embargo, como Perro de Servicio Psiquiátrico, deben actuar como si ese otro animal ni siquiera estuviera allí. Los perros de servicio psiquiátrico brindan los servicios que se enumeran a continuación:

- Respondiendo a la puerta de su manejador si no puede hacerlo. Lo hacen tirando de una palanca o, si la casa está habilitada específicamente para este servicio, aplicando presión en una parte de la puerta donde se puede abrir.
- Recoger cosas y llevarlas al manipulador, como medicamentos, algo que dejaron caer o el correo.
- Alerta a los demás sobre el cuidador en momentos de asistencia adicional de un cuidador. Esta es una forma de alertar a la enfermera o al cuidador de que la persona discapacitada necesita sus servicios.

- Brinda apoyo para la movilidad, así como la capacidad de subir escaleras, levantarse de los muebles y navegar por áreas estrechas o áreas con visibilidad limitada. Esto se hace guiando al manejador con una correa o correa fuerte. Esto puede ayudarlos cuando estén en público o en casa.

- Brindar estabilidad y apoyo a aquellos que tienen problemas de desequilibrio es otra forma en que un perro de servicio psiquiátrico puede ayudar a su adiestrador. Muchos perros brindan este servicio para aquellos que son artríticos, tienen problemas de equilibrio o incluso víctimas de un derrame cerebral.

- Proporciona una alforja para el manipulador y lleva medicamentos, suministros para diabéticos, suministros para la ansiedad y demás. Esto permite que el manipulador tenga acceso a salir de su hogar sin tener que preocuparse por llevar consigo sus necesidades médicas.

Los perros de servicio psiquiátrico también pueden brindar servicios a sus cuidadores en momentos de emergencia, como:

- Recupera el teléfono para el manejador cuando necesita comunicarse con el 911 o un miembro de la familia para obtener ayuda, así como presionar un botón de alerta cuando el manejador necesita servicio.

- Ladra en el altavoz para que los servicios de emergencia sepan que el manipulador está en peligro o necesita servicios de emergencia. Esta es una forma de que los servicios de emergencia sepan que la persona necesitada no solo está discapacitada, sino que también necesita asistencia.

- Responde al manejador de manera apropiada para interrumpirlo o alertarlo sobre un episodio o suceso psiquiátrico. Esto ayuda al manejador a saber que se acerca un episodio o ayuda a sacarlo de un episodio que potencialmente podría causarle más dolor o lucha.

- Proporciona una alarma para el manejador cuando está teniendo un episodio o en peligro para que otras personas se den cuenta del episodio. Esto les permite obtener ayuda para su manipulador y proporcionar el tratamiento médico necesario que su manipulador necesita.

- Cuando experimente una convulsión o un episodio de ansiedad, le avisarán a los demás y los traerán para que puedan ayudarlo en sus necesidades. Esto funciona muy bien cuando está en el suelo con un episodio, convulsión o intento de suicidio. Esto es especialmente útil para aquellos que sufren de depresión severa, trastornos del estado de ánimo, ansiedad y convulsiones.

- Utiliza un sistema para alertar al manejador y al departamento de bomberos o vecinos sobre un incendio, robo u otros problemas que requieran que el manejador evacue la casa o llame a la policía.

Estos son todos los servicios que le permiten al manejador o persona discapacitada la posibilidad de vivir su vida sin temor a lo que sucedería durante estas situaciones. Estos son solo algunos de los servicios que puede proporcionar un perro de servicio psiquiátrico. Hay tantas formas en que un perro de servicio psiquiátrico puede modificar o ayudar la vida de una persona discapacitada. Con un perro de servicio psiquiátrico, la persona discapacitada puede sentirse más segura de sí misma y de sus habilidades para vivir sola o explorar sus pueblos o tomarse unas vacaciones sin necesidad de un cuidador o enfermera constante.

- Como perro de servicio psiquiátrico, su función es proporcionar al cuidador discapacitado las libertades y los lujos que otros disfrutan.

- Ayudan a ayudarlos con episodios de disociación con el área circundante. También brindan al manipulador la capacidad de tener estabilidad cuando está desorientado debido a los medicamentos.
- Pueden proporcionar al manipulador una alerta que le informará que es hora de tomar la medicación.
- A menudo, cuando las personas tienen ansiedad, ataques de pánico o episodios, necesitan una estimulación táctil que los sacará de esos episodios o les ayudará a ser conscientes de cuándo se acerca el episodio. El perro de servicio psiquiátrico está capacitado para brindar estos servicios.
- También están entrenados para reconocer cuando alguien está alucinando y cómo manejarlos cuando vienen.
- Para aquellos cuidadores que están experimentando PTSD por haber sido atacados o estar en guerra, pueden beneficiarse de tener un perro de servicio psiquiátrico. Este perro puede proporcionarle a alguien que revise todas las habitaciones antes de que entren y les avise si todo está bien o no en la habitación.

- Si alguien tiene el potencial de autolesionarse o se ha autolesionado en el pasado, entonces un perro de servicio psiquiátrico le proporcionará la interrupción de estos comportamientos. Esto ayudará a los que padecen TOC con estos comportamientos.

Con todos estos servicios que puede brindar un Perro de Servicio Psiquiátrico, puede ver los beneficios que podría brindar a las vidas de las personas discapacitadas. Muchos veteranos estadounidenses buscan ayuda para la estabilización médica después de regresar de la guerra, y un perro de servicio psiquiátrico puede ser la clave para brindarles la estabilidad en su tratamiento médico que necesitan fuera de la medicación y el asesoramiento.

Al cuidar a un perro de servicio psiquiátrico, les proporciona las razones necesarias para cuidarse a sí mismos y a otras personas que viven con ellos. Esto, a menudo, puede proporcionarles un propósito y un medio para salir de casa. Esto les da la oportunidad de salir y tener interacciones con los demás, además de brindarles una razón para dejar su zona de confort y experimentar más cosas en la vida.

Cuando las personas con depresión piensan en dejar sus hogares, no les entusiasma demasiado la idea. Tener un perro de servicio psiquiátrico les dará una razón para levantarse de la cama y tomar aire fresco. El aire fresco y la luz solar proporcionan vitamina D, que es un nutriente vital que se necesita para ser felices y puede mejorar nuestro estado de ánimo. Se sabe que el aire fresco revierte los efectos de la depresión, así como los síntomas que experimentan las personas deprimidas. Esto también es algo que se puede proporcionar a un manejador a través de un animal de apoyo emocional. A través de estudios científicos y clínicos, las personas con discapacidad han expresado un mayor índice de autoestima, independencia y felicidad al convivir con un animal de servicio o un animal de apoyo emocional.

Un perro es capaz de ayudar a más de 60 personas. A través de programas que permiten a los Veteranos entrenar a un Perro de Servicio Psiquiátrico, no solo entrenan al perro a servir, sino que se curan a sí mismos dándoles un propósito. Esto les ayuda a afrontar el trastorno de estrés postraumático y otros problemas. Ayudan a reducir la ansiedad del manejador para que pueda dormir mejor, lo que a su vez les ayuda a mejorar su salud. Al entrenar al perro para que experimente nuevos entornos, el guía, a su vez, está saliendo del aislamiento en el que se encuentran muchas personas que sufren de trastorno de estrés postraumático o depresión. Cuando los veteranos adiestran al perro que pueden confiar en el mundo y que es un lugar seguro para estar, ellos también están aprendiendo esta lección.

Los perros de servicio psiquiátrico brindan un impulso de confianza tanto a los niños como a los adultos que padecen trastornos psiquiátricos. Se han realizado varios estudios de investigación que han demostrado que un perro de servicio psiquiátrico ayuda a liberar los niveles de dopamina o de oxitocina dentro del manejador. Estos dos niveles están relacionados con estabilizar los estados de ánimo y ayudar al bienestar del manejador. Los niños que tienen problemas de confianza o autismo pueden usar un perro de servicio psiquiátrico para sentirse más seguros cuando tienen que relacionarse con otras personas. Les enseña a interactuar con el perro, lo que les ayuda a aprender a interactuar con otras personas.

Aunque el adiestramiento para un perro de servicio psiquiátrico puede ser muy específico e intenso, el beneficio supera con creces el gasto de tiempo o dinero que se invierte en él. Puede llevar de semanas a meses adiestrar a un perro de servicio psiquiátrico según el adiestramiento que se necesite y la capacidad del perro para adaptarse a las tareas que se le piden, pero no tema. Esto es algo que puede hacer usted mismo aplicando las técnicas de este libro.

En el próximo capítulo, discutiré las habilidades necesarias que se necesitan para convertirse en un perro de servicio psiquiátrico y cómo asegurarse de que su perro las tenga. El resto de este libro se centrará en elegir el perro adecuado para la tarea, así como en la elección del equipo para que su perro se adapte a sus necesidades. También discutiré las leyes que regulan lo que puede y no puede hacer con su perro de servicio psiquiátrico y el papel necesario que debe desempeñar su perro cuando está en público. La última parte de este libro se centrará en las técnicas de entrenamiento para servicios específicos que su perro de servicio psiquiátrico necesitará para poder realizar según sus necesidades.

¿TE GUSTA LO QUE ESTÁS LEYENDO? ¿QUIERES ESCUCHAR ESTO EN UN AUDIOLIBRO? HAZ CLIC AQUÍ PARA OBTENER ESTE LIBRO GRATIS CUANDO TE UNAS A AUDIBLE!!

https://adbl.co/2YqyNOh

# CAPÍTULO 2
## ¿CUÁLES SON LAS HABILIDADES NECESARIAS PARA SER UN PERRO ASISTENCIA PSIQUIÁTRICA?

Hay algunas habilidades necesarias que su perro debe tener para ser un perro de servicio psiquiátrico. Cada una de estas habilidades es para asegurar que su perro le esté sirviendo de la mejor manera posible. Cada conjunto de habilidades se utiliza para determinar si este es el perro adecuado para sus necesidades y si pueden adquirir el entrenamiento necesario para usted.

Para que un perro sea una opción viable para un perro de servicio psiquiátrico, debe exhibir lo que algunas personas llaman el entrenamiento de buen compañero. Con Good Companion Training, su perro aprenderá a obedecerle. Dado que cada perro es diferente, esto puede significar cosas diferentes para cada perro. Un perro con este adiestramiento no saltará sobre otros, ladrará o gruñirá cuando no sea apropiado, no cavará en el patio ni se subirá a los muebles si usted no quiere que lo hagan. No masticarán algo que se supone que no deben ni morderán a otros. No comerán de los platos de otros ni arrebatarán cosas de las manos de los bebés. Estos se consideran pasos básicos del entrenamiento de obediencia. Algunas de las cosas que están relacionadas con la obediencia básica se enumeran a continuación.

- Ser capaz de seguir con el talón o ralentizar su paso cuando el guía ha disminuido la velocidad, se ha detenido o ha hecho un cierto sonido o movimiento, así como tambalearse cuando se suelta de la correa cuando se le da una orden específica y no reanudar la marcha hasta que se le indique.

- Otra habilidad es poder permanecer perfectamente quieto mientras el veterinario o el guía examina al perro para un chequeo. A veces, necesitamos examinar a nuestras mascotas para ver si algo las molesta o si el veterinario necesita que se queden quietas para los exámenes. Esta es una habilidad necesaria.

- Cuando el guía ha liberado al perro de servicio psiquiátrico de la correa, el perro debe poder permanecer cerca del guía y regresar al guía con una simple orden si se envía a recuperar algo.

- Otra habilidad de obediencia que el perro debe tener es poder sentarse durante más de 1 minuto sin moverse del lugar. Esto es para asegurar que el perro pueda seguir la orden de sentarse y quedarse.

- En la misma línea de sentarse y quedarse está la habilidad de estar abajo y permanecer que también es necesaria para un perro de servicio psiquiátrico. Cuando esté en público, su perro de servicio psiquiátrico debe poder sentarse durante más de 3 minutos mientras usted come, se cambia de ropa, se registra en la caja registradora, usa el baño y mucho más. Deben poder quedarse sin levantarse ni perder la concentración.

- Dejar algo o darte algo cuando se te ordene es una parte importante de las habilidades de obediencia. Poder ordenarle a su perro que lo deje caer o que se lo dé puede significar la diferencia entre un Perro de Servicio Psiquiátrico que recolecta cosas y se las trae y uno que no lo hace.

- Otra habilidad de obediencia que es útil tener es poder seguir las señales con las manos sin comandos de voz. Algunas personas discapacitadas no pueden hablar, y esto puede resultar confuso para un perro que ha aprendido con órdenes auditivas. En este caso, el perro del Servicio Psiquiátrico debería poder responder a las señales de las manos en lugar de las señales auditivas.

- Otra cosa que un perro debe aprender es a recuperar y regresar. Esto significa que el perro debe poder dejar al guía, recuperar algo que se haya caído o necesitado desde la distancia y devolver el artículo al guía.
- Tu perro también debe ser capaz de ignorar los ruidos repentinos o los ruidos extraños que puedan aparecer "repentinamente". Cuando un perro se asusta fácilmente con sonidos fuertes o extraños, puede ser un problema. Un perro de servicio psiquiátrico no deberá alertar o responder a nada que su entrenador no haya dicho o hecho.
- Otra cosa que va de la mano con esto es que tu perro debe ser capaz de caminar en lugares o superficies desconocidas sin sentirse incomodo. Pasa seguido que una nueva superficie puede asustar al perro o crearle ansiedad por estar sobre esa superficie. Un perro de servicio debe sentirse cómodo acercándose o caminando en cualquier superficie con la que tenga contacto.

- Los perros de servicio psiquiátrico deben sentirse cómodos alrededor de personas que tengan canes, sillas de ruedas, niños, desconocidos y aquellos que hagan sonidos ruidosos como personas con retraso mental. Tu perro no debe responder a otras personas, en su lugar debe actuar como si no estuviesen ahí a menos que su dueño les de la instrucción de que está bien.

- Otra parte de esto es el no reaccionar a otros animales. Ya que los perros tienden a perseguir gatos, presas pequeñas o responder a otros perros con interés o disgusto, un perro de Servicio Psiquiátrico debe comportarse como si los otros animales no estuvieran ahí. Esto asegura que toda su atención esté en lo que su adiestrador necesita en vez de desconcentrarse y distraerse.

Un gran un punto de partida para un perro que está intentando ser un Perro de Servicio Psiquiátrico es enrolarse en el curso del Buen Ciudadano Canino. Este curso está pensado para asegurar que el perro es un buen ciudadano y es además un punto de salto para asegurarte que tu elección de un Perro de Servicio Psiquiátrico es lo mejor para ti. Este curso entrena a tu perro en como tener buenos modales con otros animales, personas y situaciones específicas. Como es un curso de entrenamiento que te proporciona un certificado a través del Club Americano Kennel y está aprobado por entrenadores, es algo que tendrá que ser realizado por alguien certificado que enseñe el curso. De cualquier manera, si adoptas a un perro de la perrera, la mayoría de las veces les van a proporcionar este adiestramiento, y estará incluido en la biografía del perro y su cuota de adopción.

<u>Algo del entrenamiento que veremos en este curso incluye:</u>

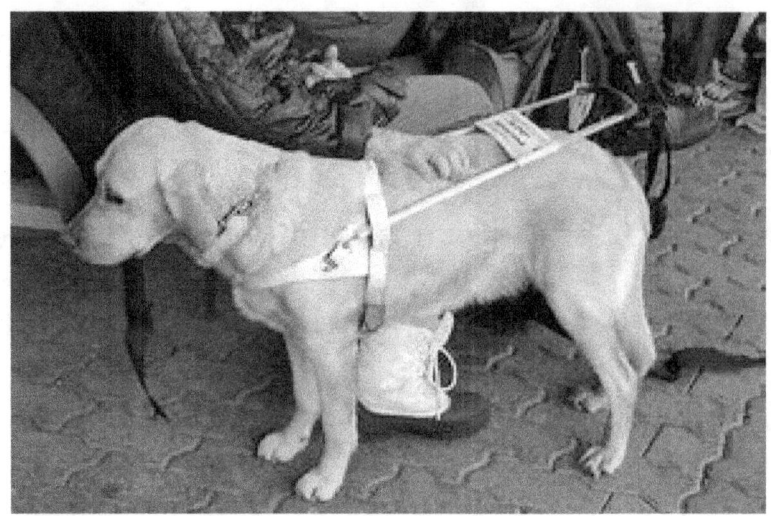

- Permitir a un extraño amigable acercarse y comunicarse con el perro.

- Sentarse de manera agradable mientras alguien lo acaricia.

- Permitir que alguien lo acicale sin agresión y además cheque sus extremidades.

- Caminar al lado de su dueño con una correa floja sin jalarse o tensarse.

- Pasar a través de una multitud sin ser molestados por otras personas o animales.

- Sentarse y acostarse al escuchar el comando y quedarse quieto por la duración de tiempo que el entrenador decida.

- Ir hacía el entrenador cuando sea llamado desde una distancia de 10 pies.

- No mostrar reacción o solo reaccionar positivamente a otro perro.

- Responder apropiadamente a una distracción que sea hecha por el entrenador.

- Quedarse por periodos extendidos de tiempo sin su entrenador durante una separación supervisada. Esto asegura que el perro no tendrá ansiedad por la separación.

Otro factor crucial es que el perro debe tener las habilidades que encajen dentro de tu elección de estilo de vida. Muchas veces, una persona que sufre depresión pasará horas en la cama, algunas veces incluso días. El Perro de Servicio Psiquiátrico que elijas debe ser capaz de no hacer del baño en la casa durante las horas que su dueño este en la cama, así como motivar a su entrenador a salir de la cama y conseguir que lo lleve afuera a hacer sus necesidades.

# CAPITULO 3:
## COMO ESCOGER PERRO DE SERVICIO PSIQUIATRICO CORRECTO

Comenzando con saber qué es lo que esperas exactamente de tu Perro de Servicio Psiquiátrico, puedes empezar a buscar al perro correcto que se adapte a tus necesidades. Para saber exactamente lo que necesitarás simplemente deberás hacerte algunas preguntas a ti mismo.

Estas preguntas te ayudarán a determinar tus necesidades y al perro apropiado que se adapte a estas. También deberás determinar cuáles serán tus limitaciones de cuidado para tu Perro de Servicio Psiquiátrico elegido.

Vas a necesitar empezar haciendo una lista de las necesidades de tu Perro de Servicio Psiquiátrico. Hazte a ti mismo estas preguntas:

- ¿Qué hará tu Perro de Servicio Psiquiátrico por ti?
- ¿Cómo entrenarás a tu Perro de Servicio Psiquiátrico para hacer las tareas que necesitas?

A continuación enlista las discapacidades con las que necesitarás asistencia de tu Perro de Servicio Psiquiátrico.

- ¿Tiene que reaccionar a lo que tu reaccionas?
- ¿Tiene que ser un perro sin reacción?
- ¿Tiene que asistirte a no clavarte con un comportamiento destructivo?
- ¿Quieres que te redirija o que detenga por completo el comportamiento?

- ¿Hay alguna manifestación física que ayude a tu perro a reconocer el problema?
- ¿La interacción con el perro es necesaria para cambiar tu fisiología?
- ¿Hay otra manera en la que el Perro de Servicio Psiquiátrico pueda asistirte con este problema?

A continuación, necesitarás hablar con tu doctor o aquellos que sean más cercanos a ti para determinar si ellos tienen conocimiento de ideas o acciones que necesitan ser curtidas o detenidas. Discutan cómo tu discapacidad ha interferido o impactado tu vida, y si hay algo que te beneficiaría en lo que tu Perro de Servicio Psiquiátrico pueda ayudar. Discute con otros dueños de Perros de Servicio Psiquiátrico y encuentra cómo los suyos están ayudándolos en sus vidas o hacienda sus vidas más llevaderas. Pregunta si hay algo en específico en lo hayan entrenado a sus Perros de Servicio Psiquiátrico para hacer y que además podría beneficiarte. Luego crea una lista de cosas que necesitarás que tu Perro de Servicio Psiquiátrico haga por ti para ayudarte a vivir una vida más cómoda.

Una vez que hayas llegado a este punto, tendrás que especificar el tamaño de la raza de perro que tendrás. En primera instancia, un perro para mantener el equilibrio necesitará ser grande. Una persona que tamaño promedio necesita a un perro con un peso de por lo menos 50 libras para que sea estable. Para una persona con un tamaño más grande, probablemente se necesite un perro más grande para estabilidad. Si tu discapacidad no está asociada con la estabilidad entonces un perro de raza más pequeña puede ser una buena opción. Un perro pequeño necesita menos espacio en tu casa, su ingesta de comida es mínima y ya que viven por más años, te proporcionará sus servicios por un periodo de tiempo más largo. Un perro pequeño es un gran acierto para la estimulación del tacto y además para alertar modificaciones de comportamiento o episodios.

Lo siguiente que necesitarás pensar es en la personalidad que tú tienes y en la personalidad del perro. ¿Te acoplarías mejor con ciertas razas que con otras? Si estás pensando en un perro que esta naturalmente inclinado a perseguir alimañas entonces será más independiente que aquellos que son usados para recuperar el juego que ha sido tirado. Un perro cuya raza ha sido asignada de perros guardianes necesitará ser adiestrado por alguien que tenga confianza en sus habilidades de adiestramiento, lo que significa que podría no ser una excelente opción para Perro de Servicio Psiquiátrico. Una raza de perro miniatura es una excelente opción para perros de compañía y Perros de Servicio Psiquiátrico.

Habla con un entrenador profesional que esté especializado en escoger el Perro de Servicio Psiquiátrico apropiado en base a las necesidades del cuidador y ve que es lo que sugiere para tus necesidades. El entrenador no tiene que ser un entrenador de Perros de Servicio Psiquiátrico. Cualquier entrenador que trabaje con perros que son entrenados en agilidad, entrenadores de competencias, entrenadores de deportes, así como también entrenadores de búsqueda y rescate pueden ser un gran recurso para encontrar información de razas específicas que te ayudará.

Otra fuente para identificar la raza correcta para tus necesidades es contactar a otras personas que hayan entrenado a sus propios Perros de Servicio Psiquiátrico. Consigue información de cómo ellos escogieron la raza de su perro y qué métodos utilizaron para identificar la raza apropiada para sus necesidades.

Ahora, debes tener en cuenta tus actividades diarias. ¿Eres active o inactive? Un perro necesitará tener por lo menos un paseo al día para explorar el mundo, olfatear a los otros perros del área y disfrutar de la naturaleza. Un Perro de Servicio Psiquiátrico tiene necesidades que no son fáciles de ignorar. Necesitará hacer sus necesidades y hacer ejercicio. Un miembro de tu familia es un excelente recurso para obtener ayuda con tu Perro de Servicio

Psiquiátrico. De cualquier manera, el objetivo deberá ser para ti, que tu salgas y explores el mundo Además hay muchos prestadores de servicios que pueden ir a tu casa y sacar a caminar a tu perro por ti por un pago.

Si no te gusta realizar muchas actividades, entonces necesitas elegir a un perro que tenga bajos niveles de energía, como un Shih Tzu u otro perro pequeño. Un perro con un estilo energía media necesitará al menos una hora o más de ejercicio continuo cada día. Este puede ser el Labrador Retriever o algo similar. Si consideras que un perro de raza de mayor energía es una buena opción para usted, entonces elija algo como un Border Collie o incluso un Boxer. Estos tipos de perros necesitarán correr durante un periodo de tiempo de al menos 1 a 2 horas al día. Ellos prosperan dentro del tipo de actividades deportivas para perros y necesitan una actividad constante para mantenerse ocupados.

Si no tienes muchos días activos, no intentes sobreestimar la actividad dentro de tu vida. Esto sólo puede significar un desastre o comportamientos destructivos que pueden provenir del aburrimiento. Un perro con un mínimo de energía puede ser sobre exigido. Sin embargo, un perro con energía extra con un ejercicio mínimo va a ser desastroso a largo plazo.

Si antes de tu discapacidad disfrutabas de un estilo de vida activo, como agilidad, aventar la pelota, baile o cualquier otra estimulación física, entonces elegir un perro que sea activo con moderación puede ser una gran opción como tu perro de asistencia psiquiátrica. Esto también le ayudará a salir al exterior y estar activo, devolviéndole su estilo de vida anterior a la discapacidad.

En penúltimo lugar, deberá tener en cuenta el aseo que necesita el perro. Aunque el aseo puede ser una actividad muy terapéutica, también es algo con lo que las personas con artritis tendrán dificultades. Es un comportamiento repetitivo para alguien que se da cuenta de que tiene un TOC sobre las acciones para tener una alternativa con la que reemplazar esos comportamientos.

Sin embargo, hay ciertas condiciones que pueden ser afectadas severamente por la presencia de pelo o la necesidad de asear a un perro. Alguien que se encuentra en un estado depresivo puede encontrarse aletargado e incapaz de ocuparse del aseo del perro. Esto puede suponer un problema para el pelo y la salud del perro. En la misma nota, alguien que es TOC sobre los gérmenes y la limpieza puede encontrar que el pelo de un perro o el aseo de un perro a ser abrumador y desagradable. Esto puede crear más ansiedad en la situación.

Decidiendo lo que le molestará y lo que no le molestará con respecto al aseo de su perro, podrá estar mejor preparado para la conservación y el mantenimiento necesarios. Aunque cada persona con el mismo diagnóstico es diferente, el aseo de un perro es específico de cada raza. Un perro de pelo largo necesitará los mismos procedimientos de aseo que otro de pelo largo. Por lo tanto, determine qué es lo que está dispuesto a hacer diariamente por su perro de asistencia psiquiátrica antes de elegir la raza que utilizará.

Un Greyhound o un Pit Bull tienen un pelaje corto que es suave y se desprende mínimamente. No requieren una gran cantidad de cuidados. Los perros como el Golden Retriever, el Pastor Alemán y el Labrador Retriever pueden tener un pelaje corto o medio. Suelen mudar a menudo y necesitan ser cepillados copiosamente 3 veces por semana.

Un perro de pelo largo como un Lhasa Apso, así como un Blue Heeler tendrá que ser cepillado a menudo. Esto tendrá que hacerse todos los días. También necesitarán una cita regular en la peluquería canina para que les corten el pelo. Si usted tiene alergias, entonces el Caniche, Schnauzer, y Bichon Frise tendrá que ser su elección óptima. No mudan y son hipoalergénicos. Necesitan un aseo regular con cepillos o peines. Deben ser aseados cada 2 días y tener un corte de pelo regular. Un perro de raza mixta puede ser bastante diferente y difícil de calibrar cuando se trata de muda y necesidades de aseo. Tendrán necesidades en función de la mezcla que tengan.

Por último, tenga en cuenta el horario de su vida laboral o doméstica, así como las tareas de las que ya es responsable. Piensa en las demás personas que forman parte de tu vida. Piense en su vida familiar. Piensa en tu entorno laboral o en las consultas médicas que visitas. Hágase estas preguntas:

- ¿Son alérgicos a los perros?

- ¿Vive en un clima más frío o más cálido?

- ¿Visita lugares que requieren un ambiente tranquilo?

- ¿Será molesto llevar un paño para limpiar siempre las babas?

- ¿Vive en un pequeño apartamento en una gran ciudad??

- ¿A menudo viaja en trenes o aviones?

Ahora, sume todas las respuestas obtenidas en las preguntas y encuentre el perro adecuado para usted.

Investigue un poco sobre las razas de perro que se ajustan a sus necesidades y comience a recopilar los pros y los contras sobre qué raza es la mejor para usted. Una vez que haya reducido la lista, vaya a algunos criadores y refugios y conozca al perro, su mentalidad y la conexión con su adiestrador.

## ¿QUÉ PERRO ES EL MEJOR PARA TI Y TUS NECESIDADES?

Algunos perros son criados específicamente por su mentalidad. Estos perros serían excelentes perros de asistencia psiquiátrica.

Hay varias razas de perros en el mundo que podrían ser un perro de servicio psiquiátrico. Pueden ser desde un Chihuahua hasta un Pitbull. Cualquier perro es una opción aceptable. Sin embargo, algunos perros que tienen una necesidad específica requerirían más tiempo y energía para mantenerlos que otros. Saber lo que necesita y busca va a ser el factor determinante para elegir el perro perfecto.

A continuación, voy a dar cualidades naturales específicas a varias de las razas de perros que la gente ha estado utilizando para los perros de asistencia psiquiátrica en los últimos 10 años. Esto le dará una base para calificar a su perro perfecto.

Algunas de las razas de perros que más gustan a la gente son:

- Beagles
- Cavalier King Charles Spaniel
- Retriever de Pelo Lacio
- Collie
- Pug
- Setter Irlandes
- Bulldog Fránces
- Bichon Frise
- Bulldog
- Maltese

Perros ideales para una casa de tamaño pequeño o mediano :

- Toy Poodle
- Cavalier King Charles Spaniel
- Pug
- Bichon Frise
- Yorkshire Terrier
- Corgi
- Dachshund
- Bulldog Francés
- Beagle
- Chihuahua

Perros que entran en el ámbito general de los perros de asistencia psiquiátrica aceptables :

- Labrador Retriever
- Beagle
- Rottweiler
- San Bernard
- Pomeranian

- Poodle Estándar
- Bulldog Francés
- Pug
- Galgo
- Pastor Alemán
- Golden Retriever

Con todas las diferentes razas que hemos enumerado aquí, quiero darle una idea de cómo varios de estos perros proporcionarán una ayuda adecuada, si no excelente, como un perro de servicio psiquiátrico. Para empezar, hablaré del caniche estándar.

# El Poodle Estándar

Estos perros son muy brillantes y son fácilmente entrenables. Tienen una capacidad excepcional para captar rápidamente las órdenes de adiestramiento y están especialmente dispuestos a complacer al adiestrador. Los caniches son muy apreciados debido a sus mentes brillantes. Debido a su entrenamiento original de recuperación, tienen la tenacidad para seguir las señales que les dan sus manejadores para ayudar a aquellos que necesitan que alguien recoja y recupere artículos para ellos.

Otro aspecto positivo de los caniches como perros de asistencia psiquiátrica es que tienen un bajo índice de muda en comparación con otras razas de perros. La baja muda también significa que tienen un pelaje hipoalergénico, lo que los convierte en una excelente opción para quienes tienen alergias a las mascotas y a la caspa de las mismas.

El caniche es un perro cariñoso y bondadoso, especialmente con los niños y las personas discapacitadas. Se sabe que sobresalen en los cursos de entrenamiento de obediencia y son leales a sus cuidadores. Son ideales para aquellos que sufren de depresión, ansiedad y ataques de pánico. Como los caniches perciben el estado de ánimo de sus cuidadores, pueden saber indirectamente que su cuidador es infeliz. Esto es algo que no hay que enseñarles; son sensibles por naturaleza. Después de que se les enseñen las técnicas de adiestramiento adecuadas, pueden sintonizar profundamente con los estados de ánimo de su adiestrador y tener una conexión con éste que puede ayudarles a identificar y desviar al adiestrador de comportamientos autodestructivos.

## El Habanero

Aunque el Bichón Habanero es un perro pequeño, tiene una gran inteligencia. Esto les permite ser entrenables, lo que los convierte en una selección adecuada para el perro de servicio psiquiátrico. Tienen una personalidad amigable que los ayuda a ser una gran elección de mascota familiar, así como una gran opción para los niños con discapacidades. El Bichón Habanero es una excelente opción para aquellos que sufren de depresión debido a su personalidad amistosa. También son extrovertidos y colman a su cuidador de amor y mimos, lo que puede mejorar la disposición de la persona. Les encanta el amor y disfrutan acurrucándose con su cuidador. Esto significa que serán un gran compañero para alguien que sufra trastornos del estado de ánimo.

Debido a su sensibilidad, son capaces de sintonizar con la energía emocional de su cuidador. Esto les permite saber cuándo su cuidador está pasando por un episodio emocional y necesita apoyo o consuelo. Esto también los hace leales y un gran perro para su regazo cuando necesita consuelo.

Conocen trucos como recuperar medicamentos para sus dueños, así como interrumpir los comportamientos que pueden ser perjudiciales o repetitivos y que pueden ser autodestructivos. Al proporcionar un punto focal, un niño con autismo es capaz de unir el mundo autista con el mundo real.

# El Cavalier King Charles Spaniel

Tienen una enorme personalidad que los hace muy amables y adorables. Disfrutan acurrucándose y mostrando afecto a sus cuidadores y a otras personas. Tienen un fuerte vínculo con su cuidador y con los niños de la casa. De ahí que reciban el nombre de "perro de velcro". Por ello, son un increíble perro de servicio psiquiátrico para aquellos que sufren de TEPT y depresión.

Al acariciar un King Charles Spaniel, la repetición ayudará a crear tranquilidad y calma dentro de su mente. Esto ayuda enormemente a aquellos que necesitan una actividad calmante para ayudarles a lidiar con sus discapacidades. Los Cavaliers no son en absoluto agresivos con las personas y los niños. Esto significa que son una gran opción para aquellos que necesitan un perro de servicio psiquiátrico que pueda estar en público sin ser agresivo con otras personas y animales. Sin embargo, necesitan mucho entrenamiento antes de ser utilizados en público. Sin embargo, la inteligencia de este perro hace que sea muy fácil para ellos aprender sus comandos de entrenamiento necesarios.

El Cavalier es una raza muy apacible y tranquila, lo que lo convierte en una raza excelente para los manejadores de PTSD, así como para aquellos que sufren de ansiedad. Se vinculan intuitivamente con sus manejadores, lo que les facilita identificarse con el manejador y conectar con todos sus episodios emocionales.

## El Labrador Retriever

El Labrador Retriever tiene una inteligencia superior a la de otros perros. Esto los convierte en una excelente opción no sólo para los perros de asistencia psiquiátrica, sino también como grandes animales de compañía. También tienden a ser muy gentiles con sus manejadores y niños.

Dado que el retriever fue originalmente criado para recuperar, esto significa que son un excelente perro de servicio psiquiátrico para aquellos que necesitan ayuda para recuperar su correo, así como para recoger cosas que se han caído. Esto muestra cómo su inteligencia, el afán de complacer y la obediencia les proporcionan las capacidades de ser un perro de servicio psiquiátrico.

Mantienen una personalidad estable y equilibrada, lo que ayuda enormemente a los niños y adultos con TDAH y TDA. Esto también les proporciona el temperamento necesario para los niños y adultos autistas. Ayudan al manejador autista a estar más tranquilo y calmado en los momentos de arrebato. Los individuos que sufren de esquizofrenia también se sentirán más seguros y tranquilos debido a la capacidad de concentrarse en el cuidado de su perro y la calma que estos perros proporcionan al entorno.

## El Schnauzer Miniatura

Otro perro de raza pequeña que es una excelente opción para un perro de servicio psiquiátrico. Este perro miniatura es un perro enérgico con muchas agallas. Les encanta retozar y jugar. Pero también les encanta tumbarse y ser abrazados. Son un gran compañero para aquellos que necesitan ser más activos en la vida o aquellos que aman ser activos, pero necesitan tener el apoyo psiquiátrico que el perro de servicio psiquiátrico proporcionará.

Tienen un alto nivel de inteligencia y aprenden a ser obedientes y a complacer a la gente con bastante facilidad. Captan las señales sociales y emocionales, lo que los convierte en un gran compañero para las personas con inestabilidad emocional.

## El Pastor Alemán

Aunque la mayoría de la gente piensa que estos perros son excelentes perros policía, no se dan cuenta de que también pueden ser excelentes perros de apoyo o servicio psiquiátrico. El pastor alemán es una raza de perro muy tenaz e inteligente con la disciplina para aprender todo lo que se les enseña. Están ansiosos por complacer a sus adiestradores y les encanta mostrar afecto. Se comportan de forma extraordinaria cuando se les pide, y esto no es diferente cuando la persona discapacitada necesita su ayuda. Esto puede convertirlos en un gran activo para los adiestradores que tienen problemas de salud mental.

Debido a todos los rasgos naturales del carácter del pastor alemán, son una excelente opción para quienes sufren síntomas de TOC y problemas de ansiedad. Si se les entrena adecuadamente, serán capaces de detectar cuando su manejador está teniendo un ataque de pánico o el inicio de un ataque de pánico y, a continuación, evitar que el ataque de pánico de venir. Pueden ser entrenados para interrumpir los comportamientos con una técnica de pata que redirigirá al manejador a un nuevo comportamiento o acción.

La dulzura de la raza y la lealtad que muestran hacia sus cuidadores los convierte en un perro ideal para los que sufren TEPT. Son una excelente opción para buscar en los hogares cualquier signo de personas o actividades inseguras. Son fáciles de adiestrar debido a su capacidad para procesar rápidamente los conocimientos y tienen un nivel de inteligencia similar al de los humanos. Proporcionan un entorno tranquilizador y se puede confiar en ellos como apoyo moral, además de proporcionar seguridad.

## El Lhasa Apso

El Lhasa Apso es una raza que tiene instintos naturales que alertan a las personas de los intrusos. Esto significa que son grandes perros de asistencia psiquiátrica para aquellos que necesitan un perro de alerta para los desencadenantes o comportamientos específicos. Serán grandes compañeros, así como perros de asistencia psiquiátrica para aquellos que tratan con el trastorno de estrés postraumático, así como el trastorno bipolar y la depresión.

Tienen una disposición alegre y pondrán una sonrisa en la cara de cualquiera. Esto los convierte en una gran opción para calmar y animar a quienes están deprimidos. También tienen una extraña habilidad para ayudar a identificar los diferentes estados de ánimo que su manejador mostrará durante un episodio bipolar, y a través del entrenamiento, pueden aprender a reaccionar de una manera apropiada, como dar un codazo al manejador para alertarlo del cambio de estado de ánimo. Esto hará que el cuidador vuelva a estar en el camino del estado de ánimo adecuado.

Suelen ser cómicos y divertidos, lo que les ayuda a levantar la moral de quienes están deprimidos o son bipolares. Esto los convierte en una excelente fuente de compañía para aquellos que padecen discapacidades del estado de ánimo.

Ahora que te he dado algunas ideas sobre cómo elegir un buen perro de servicio psiquiátrico, el resto de este capítulo te ayudará a saber si debes conseguir un perro de refugio o un perro de raza pura, y si debes empezar con un cachorro o un perro adulto.

## Perro de refugio vs. perro de raza pura

Los perros de refugio tienen todo tipo de formas y tamaños. Algunos de los perros que puede encontrar dentro del refugio son, aunque no lo crea, en realidad perros de raza pura que han sido abandonados por sus dueños debido a circunstancias de vivienda o económicas. Por lo tanto, lo que puede descubrir sobre los perros del refugio es que en realidad pueden ser perros de raza pura, así como chuchos.

Los criadores pueden proporcionarle un historial médico y el linaje familiar del perro que está considerando utilizar como perro de servicio psiquiátrico.

Esta información puede ser útil no sólo para el historial genético del perro sino también para la información personal, de modo que usted sabrá si el temperamento es ideal para sus necesidades. Al examinar la línea de sangre del perro que está eligiendo, estará al tanto de cualquier problema médico genético que pueda afectar a su perro. Esto le ayudará a saber si la raza de perro que está eligiendo tendrá problemas continuos con sus caderas u otros problemas genéticos. Dentro de los perros, las personalidades se heredan y se transmiten. Esto puede ser problemático al elegir un perro de refugio, ya que no tiene ningún fondo genético o conocer a los padres del perro que usted está eligiendo.

Si los antecedentes del árbol genealógico del perro están plagados de perros de asistencia psiquiátrica, genéticamente, el perro será una excelente opción para un perro de servicio psiquiátrico también. Si necesita un perro que le brinde estabilidad, entonces deberá asegurarse de que su perro de servicio psiquiátrico no tenga una predisposición a la displasia de cadera o a los dolores articulares. La realización de una prueba genética le ayudará a conocer estos detalles sobre los perros entre los que está eligiendo.

Un criador cobrará más por un perro de raza pura con un gran bagaje genético. Aunque esto puede ser caro desde el principio, puede terminar costándole mucho menos a largo plazo. Especialmente si usted ha obtenido un perro de refugio que necesita 2 reemplazos de cadera.

Aunque un perro de rescate o refugio puede parecer una gran idea, al principio, pueden costar más dinero a largo plazo si tienen condiciones de salud que necesitan ser mantenidas. Además, pueden crear un vínculo demasiado intenso con sus nuevos dueños, lo que puede generar ansiedad por separación, que puede ser muy difícil de manejar. Los centros de rescate y los refugios ofrecen una forma muy económica de obtener un perro que pueda ser entrenado para ser un perro de servicio psiquiátrico. La mayoría de los perros que vienen de un refugio o rescate ya han sido arreglados; han tenido todas sus necesidades veterinarias básicas para ser satisfechas y a menudo han sido probados para el temperamento, así como la buena ciudadanía. Son un riesgo mucho mayor en el historial genético y los antecedentes médicos ya que son cachorros de refugio o de rescate.

Un desglose de cuánto puede costar un perro de rescate o refugio y un perro de raza pura se enumeran a continuación para que usted entienda la diferencia en el costo.

Perro Adulto Rescatado y Alterado:

Cuota de adopción: 120 dólares

Facturas del veterinario por problemas genéticos o de salud: $2000

Costo de adiestramiento por contratar a un adiestrador: $2000

Equipo de un perro de servicio: $100

Comida y accesorios: $1000

Total general: $5220

## Perro Comprado a un Criador de Perros de Asistencia Psiquiátrica:

Precio de compra: 2500 dólares

Facturas del veterinario: $750

Gastos de entrenamiento con un entrenador: $1100

Equipamiento del perro de servicio: $100

Comida y accesorios: $1000

Total final: $5450

Aunque el precio de compra de un perro de rescate o refugio es inferior, el coste continuado a largo plazo de los gastos médicos lo cambiará drásticamente. El coste de adiestramiento también será muy diferente ya que, al final, tendrá que entrenar continuamente al perro del refugio cuando surjan nuevos comportamientos o para modificar un comportamiento negativo que dificultará su capacidad de adiestramiento al principio. Por lo tanto, empezar con un perro de raza pura desde el principio podría costarle sólo los gastos iniciales que sean necesarios, en lugar de una factura continua de veterinario y de reentrenamiento.

Recuerde que el perro que elija debe ser adecuado para usted y sus necesidades. Debe ser lo más sano posible y tener una vida útil que le proporcione el mayor beneficio por el coste que ha invertido en él. También hay que recordar que los perros que tienen antecedentes genéticos desconocidos o que son perros de refugio de más de 3 años, pueden tener una vida útil reducida basada en la composición genética, así como la cantidad de vida que les queda.

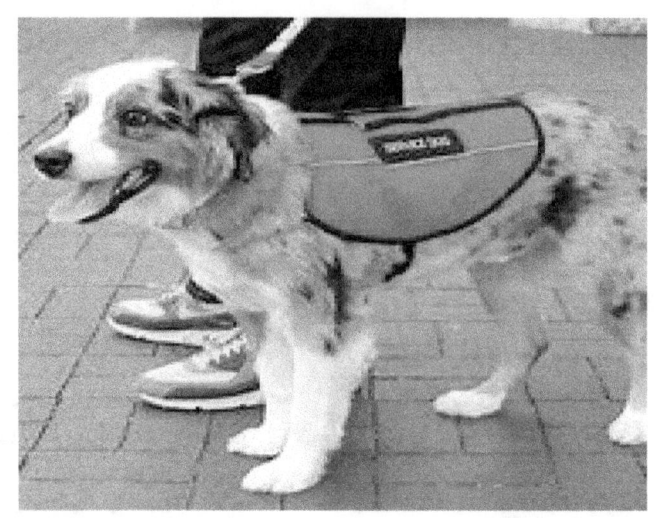

## Un cachorro vs. Un perro adulto

Ahora que he explicado las diferencias entre utilizar un perro de refugio y un perro de raza pura, se preguntará si necesita un cachorro o un adulto. Al igual que con los perros de refugio o de pura raza, tendrá que decidir en función de sus necesidades y de lo que quiera. Un cachorro puede ser una experiencia maravillosa si usted está emocional y físicamente preparado para cuidar de un cachorro. Sin embargo, si no lo está, tendrá que adquirir un perro adulto. Con un cachorro, puede observar cómo crece y aprende, y ver cada hito que se produce. Con un adulto, esto ya ha tenido lugar, y es posible que se pierda algunas de las divertidas y bonitas etapas del cachorro. Un cachorro también tendrá que aprender a hacer sus necesidades fuera de casa. Esto significa que hay que dedicar mucho tiempo a entrenar al nuevo cachorro en la jaula. La socialización también es necesaria para un nuevo cachorro. Deberá conocer a otros cachorros para saber cómo jugar y no ser agresivo con otros animales o personas. Los cachorros tienden a morderlo todo y entrenarlos para que no lo hagan puede costarle tiempo, dinero y disgustos. Ten en cuenta esto cuando te decidas a elegir un cachorro o un perro adulto.

A menudo, usted encontrará un perro adulto es más estable en sus personalidades, y no están en las etapas de la masticación más. Suelen estar bien entrenados para ir al baño y conocen la obediencia básica. Esto les da una ventaja sobre un cachorro, especialmente porque los cachorros necesitan todo el trabajo extra antes de que puedan empezar a ser entrenados para perros de asistencia psiquiátrica. Si adquiere un perro de exposición retirado, habrá encontrado un perro acostumbrado a las multitudes y a otros animales. Esto significa que el mundo exterior no les distraerá. Pero esto también significa que, como adultos, pueden haber experimentado situaciones en sus vidas que pueden crear desencadenantes o dificultades. Esto puede dificultar su adiestramiento, sobre todo si fueron traumatizados a una edad temprana por personas o animales. A veces, el perro puede asustarse si alguien se acerca por detrás y le da un golpe en el trasero; esto ocurre a menudo. Esto puede crear un problema, especialmente si el perro muerde al niño debido a un trauma pasado. En el mismo caso, el perro podría haber tenido algunas experiencias negativas con hombres con sombrero y podría responder de forma negativa a un hombre con sombrero. Es posible que nunca aprenda a sentirse cómodo con esos hombres. Esto puede hacer que sea difícil encontrar un perro adulto adecuado que sea una opción viable para sus necesidades de perro de servicio psiquiátrico.

Otra preocupación es el tiempo de vida del perro que elijas. Por eso, sólo debe empezar con un perro que tenga menos o no más de 2 años.

Hay varias maneras de probar y ver qué perro es el mejor para sus necesidades. Una forma es probar su temperamento. Al probar el temperamento del perro, usted es capaz de averiguar si el perro será capaz de manejar situaciones difíciles. Una gran prueba que se puede utilizar para este tipo de pruebas es la prueba de temperamento Volhard.

Considere que un perro adulto tiene un temperamento estable cuando vive en un hogar estable. Un perro adulto que vive en un refugio estará nervioso y estresado. Por lo tanto, el temperamento de ese perro va a ser difícil de leer al principio. Si el cachorro tiene su temperamento a las 8 semanas, esto no puede identificar viablemente el temperamento del perro. Lo único que sería fiable sería el miedo y los niveles de confianza que se exhiben en situaciones nuevas. La prueba de la madre de un cachorro puede dar el mayor predictor de la capacidad del cachorro para ser un perro de servicio psiquiátrico. Si la madre es un perro de servicio psiquiátrico competente con un gran temperamento, entonces el cachorro tendrá una mayor probabilidad de ser un gran perro de servicio psiquiátrico.

Debido a toda esta información, debe elegir un cachorro que tenga una madre de temperamento uniforme y estable y que sea un perro de servicio psiquiátrico aceptable o elegir uno que esté viviendo en un hogar estable con el temperamento adecuado. Para encontrar un cachorro que tenga el temperamento adecuado, debe buscar un criador de perros de asistencia psiquiátrica. El criador no sólo puede mostrarle el temperamento de la madre y el padre, sino también proporcionar la genética familiar del cachorro. Esto le ayudará a descartar cualquier tipo de predisposición a los marcadores genéticos de enfermedades y dolencias. No es necesario que la madre sea un perro de servicio psiquiátrico para que tenga un gran temperamento. Considere la posibilidad de buscar perros que sean perros de terapia, perros que tengan competencia en el trabajo de obediencia o de servicio, así como disposiciones extremadamente relajadas. Muchos de los perros que están siendo criados para perros de exhibición también están siendo criados para el temperamento adecuado para los perros de asistencia psiquiátrica.

Si está interesado en conseguir un perro adulto adecuado, consulte a los perros de exposición retirados. Necesitará un perro que haya vivido en un entorno estable durante un largo periodo de tiempo. Si se pone en contacto con un criador, es posible que pueda obtener un descuento en un perro que haya sido devuelto o retirado de ser un perro de exposición. Al comprar un perro que ha sido devuelto al criador, usted es capaz de obtener uno que es ligeramente más barato, así como tiene una historia familiar. Los perros de exposición retirados han sido extremadamente socializados. También han sido entrenados por adiestradores con experiencia y conocimientos.

Lo básico que debe recordar es que, independientemente de lo que elija, ya sea un criador, un rescate, un cachorro o un adulto, no debe preocuparse por el coste del perro, ya que será una gran inversión a lo largo de toda su vida. El coste de la atención médica o el tiempo que se pierde con un perro que no es apto es mucho más importante a largo plazo. Dado que el cachorro del criador puede costar $2000, y un reemplazo de cadera por una condición de displasia de cadera heredada puede costar el doble si no más que eso, usted realmente necesita considerar encontrar un perro que tenga una historia familiar junto con él. Un perro con inestabilidades emocionales puede costar entre 1000 y 2000 dólares por las 20 clases particulares que necesitará el adiestrador.

Por lo tanto, aunque el cachorro puede ser la opción más linda, a veces, es mejor ir con un perro más viejo para que usted no tiene que invertir tiempo extra y la formación en el cachorro que tiene que obtener la obediencia básica, así como el entrenamiento para ir al baño y los comportamientos de mascar.

Al final, usted es capaz de hacer la elección de si usted quiere encontrar su perro del refugio o criador y si ese perro será un bebé o un perro adulto. Todo está determinado por la cantidad de dinero que quiere gastar a largo plazo durante la vida del perro.

En el siguiente capítulo, aprenderá a elegir los accesorios y equipos adecuados que necesitará para su perro de servicio psiquiátrico. He dado detalles sobre varios tipos de collares y arneses, así como de correas y cómo benefician a su entrenamiento

¿TE GUSTA LO QUE ESTÁS LEYENDO? ¿QUIERES ESCUCHARLO EN FORMA DE AUDIOLIBRO? ¡HAZ CLIC AQUÍ PARA OBTENER ESTE LIBRO GRATIS AL UNIRTE A AUDIBLE!

https://adbl.co/2YqyNOh

# CAPÍTULO 4
## ELEGIR EL EQUIPO ADECUADO PARA SU PERRO

Una vez que haya localizado el perro exacto que utilizará para su Servicio Psiquiátrico, deberá determinar qué equipo, así como collares y correas, querrá utilizar. Hay varias opciones en el mercado hoy en día, y determinar qué usará se basa en sus preferencias y necesidades.

Siempre se ha debatido acerca de un collar o arnés dentro de la comunidad del dueño del perro. Varias personas creen firmemente que un collar puede provocar asfixia, y tienen razón. Sin embargo, su perro de servicio psiquiátrico nunca debe estar en una posición en la que se ahogue con su collar. Mucha gente cree que los arneses son los mejores para entrenar y pasear a su perro. Sienten que, dado que no se adhiere al área de la garganta, agrega una forma más segura de mantener a su perro bajo control. En este capítulo, discutiré las diferencias entre los dos y lo que debería considerar como factor decisivo.

## Collar vs Harnes

¿Cuál es la diferencia entre un collar y un arnés? ¿Cuál es el mejor para tu perro? ¿Cuál te ayudará con el proceso de adiestramiento de un perro de servicio psiquiátrico? ¿Qué te ayudará con tus necesidades?

Todas estas son preguntas que deben hacerse para ayudar a determinar cuál le brindará las mejores opciones. Hay algunas ventajas para cada uno, y a continuación enumeraré las diferentes ventajas.

- Un arnés es bueno para usar cuando se entrena a un cachorro que no ha aprendido completamente a caminar. El arnés puede evitar que el perro se enrede con la correa y se lastime.

- Los arneses brindan más control al manipulador. Esto es extremadamente importante cuando entrena a su perro en una calle muy transitada o en un área muy concurrida.

- Cuando entrena a un perro excepcionalmente grande, puede tener más control. Esto también le proporcionará la posibilidad de tomarse las cosas con calma en la espalda y los brazos.

- Si un perro pequeño tira o tira de una correa, será más fácil lesionarlo. Dado que el arnés puede ayudar a que la presión de la correa se disperse por todo el cuerpo del perro, esto reducirá la tensión que se produce en la espalda y el cuello del perro.

- Un arnés también disuadirá a los perros de tirar. El arnés se puede sujetar al pecho o los omóplatos del perro. Esto redirigirá al perro para que no tire más, ya que el tirón no le dará ningún resultado.

- Los arneses también brindan una forma para que el perro esté confinado a la correa sin tener la capacidad de escapar de la correa. Muchos perros son pequeños artistas del escape, y se saldrán de sus collares y despegarán cuando no estén entrenados profesionalmente. El arnés evita que esto suceda.

A continuación se enumeran algunas ventajas más sobre los arneses:

- Son una herramienta eficaz para la formación. Esto es especialmente cierto para los cachorros.

- Un arnés funciona bien para la mayoría de las razas, pero el uso de un arnés beneficia enormemente a razas específicas. Estos perros incluyen pugs que son propensos a que sus globos oculares se salgan debido a la presión alrededor de su cuello.

- Le ayudan a proporcionar una presión más controlada para el perro, lo que lo disuade de tirar o tirar del guía, así como de saltar.

- Mantendrán a un cachorro distraído para concentrarse extremadamente.

- Un perro con nariz corta también es un gran candidato para usar un arnés. Esta es otra razón por la que se debe usar un pug.

- Si el perro tiene una lesión en el cuello o problemas respiratorios, entonces un arnés ayudará con esto. Debido al estrés que un collar coloca en la garganta cuando se tira, la tráquea puede agravarse y esto provocará tos.

Sin embargo, hay algunas desventajas de usar un arnés. Estos se enumerarán a continuación.

- Es posible que a su perro no le guste mucho el arnés.

- Un arnés que se sujeta en la parte posterior no será un éxito total para su perro. Los arneses con clip para la espalda entrenan al perro a enfocar su atención lejos del guía, lo cual no es bueno.

Ahora, discutiré los beneficios de un collar para un perro en entrenamiento. A continuación se muestran las ventajas que se pueden derivar de un collar cuando se usa para su perro en el adiestramiento.

- Puede ser una idea inteligente para los cachorros a los que no les gusta el arnés y necesitan esa comodidad adicional.

- Son visibles y funcionan correctamente. Pueden proporcionar un lugar para la identificación de su perro, las placas de rabia y la placa de licencia. Esto los hace convenientes.

Sin embargo, existen muchas desventajas con los collares y sus perros. Estos se pueden encontrar a continuación.

- No proporcionan herramientas de formación ideales.
- Si el perro tira un poco, puede aumentar las posibilidades de lesionarse el cuello.

- El collar puede causar presión en el ojo al tirar, y esto puede empeorar la progresión del glaucoma en el perro o incluso aumentar los signos de lesiones oculares.

- También pueden aumentar las posibilidades de problemas de tiroides, así como problemas de comportamiento debido al aumento del dolor y las lesiones en los oídos y los ojos debido a la presión en el cuello. Como precaución, se debe usar un collar con fines de identificación y arneses para entrenar y caminar.

Hay varias variedades de arneses y collares que se pueden comprar, cada uno con un estilo y función únicos. A continuación se muestra un desglose del estilo de collares y arneses que he usado en el pasado o que he investigado.

## Collar de Hebilla Plana

El collar de hebilla plana es un collar popular que muchas personas utilizan. Esto se debe principalmente a que es básico y se encuentra ampliamente. Estos son grandes para la identificación. Sin embargo, permiten que el perro para tirar y causar la tensión del cuello. Si su perro está bien entrenado para caminar con una correa y no tirar de su collar, entonces esto va a hacer muy bien.

## Arnés Corporal

Los arneses del cuerpo son otro arnés extremadamente popular que se aplica con un accesorio de la parte posterior y se utiliza lo más a menudo posible con las razas pequeñas del perro. Este arnés está diseñado para evitar que la garganta se dañe cuando el perro tira de la correa. También es bastante útil para evitar que la correa se enrede debajo de las patas del perro. El arnés corporal ofrecerá más control al adiestrador y menos control al perro. Esto requerirá que usted tenga más control y fuerza. Si quiere permitir que su perro corra y haga ejercicio, entonces la correa más larga es ideal para este tipo de arnés.

## Arnés de Caminata Fácil

El arnés de caminata fácil tiene un enganche para la correa con un arnés orientado hacia el frente. Esto puede redirigir la atención del perro para que no tire y también permitir que el manejador para tirar de ellos hacia atrás. La flexibilidad del arnés es una manera maravillosa de proteger a su perro que es sensible al cuello, y le permite tener 4 puntos de ajuste diferentes que pueden ser un ajuste perfecto para su perro.

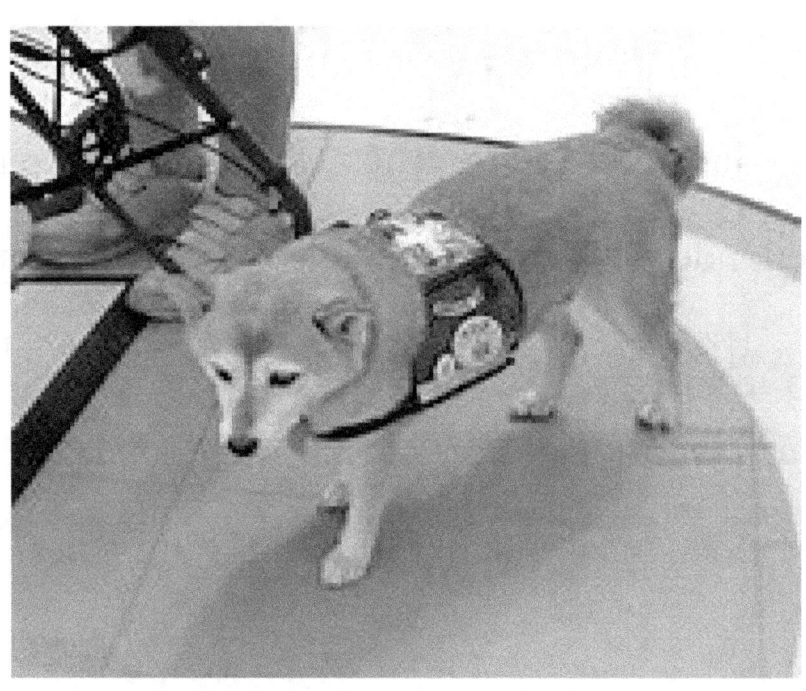

## Arnés de malla suave

Los arneses de malla suave son otra forma maravillosa de conseguir un arnés de moda para su mascota. Son ligeros y proporcionan un arnés transpirable para el perro. Con la hebilla de estilo de liberación rápida, puede ajustar fácilmente el arnés. Vienen en ocho diferentes tonos de colores brillantes. Son una gran opción para los perros pequeños, especialmente las razas de juguete. También son una amplia selección para los perros que son sensibles alrededor del cuello y los cachorros que necesitan arneses más suaves.

## Arnés de Nylon para Perros

Los arneses de nylon para perros son simples de ajustar hechos de nylon que pueden venir en varios tamaños con colores divertidos para adaptarse a un individual de la personalidad. Tienen un precio muy razonable y son adecuados para todos los perros.

## Arnés Enfriante y Reflectante

Los arneses con función refrigerante y reflectante son otra gran opción. Proporcionan un efecto de enfriamiento con una cualidad reflectante. El arnés de enfriamiento tiene un paquete de enfriamiento que puede ser reemplazado para mantener al perro fresco en los meses más calurosos. Llene sus bolsillos con un poco de agua fría y colóquelo en el congelador, y esto garantiza que el perro se mantenga fresco mientras hace agilidad y también caminatas o paseos en climas cálidos.

## Arnés de Gancho Frontal

Un arnés de gancho frontal se ve similar al arnés del cuerpo mencionado anteriormente, excepto que la correa se adjunta en una posición diferente, que está en la parte delantera de la zona del pecho del perro. Este es un gran arnés para pasear a su perro, ya que si el perro tira, el arnés se aplica la palanca y mantenerlos de tirar.

## Cabestros

Los cabestros para la cabeza son otra forma de aplicar un cabestro a su perro para su control. Esto le proporcionará todo el control para la cabeza de su perro, y mantiene el perro en jaque y bajo control. Esto le dará la mayor oportunidad para el control al caminar a su perro. Si usted tiene un perro excepcionalmente grande, entonces este es un gran arnés para que usted utilice. También proporciona la palanca, que le permite utilizar menos fuerza para el control. El uso de una correa larga nunca debe hacerse con un cabestro. Esto puede dañar al perro si tira y es detenido repentinamente por la correa.

## Collares Martingale

Los collares Martingale son otro de los collares que mucha gente ha estado utilizando últimamente. Debido a su capacidad para apretar alrededor del cuello del perro, tiene una oportunidad limitada para deslizarse fuera del cuello del perro. El apriete sólo va tan lejos como el ajuste en el collar permitirá. La cadena de ahogo tradicional puede causar mucho daño al cuello, por lo que este collar fue diseñado para no hacer el daño que la cadena de ahogo haría. Sin embargo, todavía proporciona la misma función. Dado que los perros se mueven fuera de sus collares, este collar fue diseñado para evitar que eso suceda. La correa se une a un bucle que se encuentra en el collar, y esto ayuda a que el collar se apriete cuando sea necesario.

## Correas y la variedad que puedes escoger

Las correas son otro accesorio necesario para el adiestramiento de un perro para los asistencia psiquiatrica. Hay correas de varias longitudes y estilos. La correa que usted elija es la pieza más importante del equipo para el entrenamiento de su perro. La correa proporciona al adiestrador el control y refuerza los procedimientos de adiestramiento. Utilizando la correa adecuada, ayudará al perro a aprender qué es y qué no es un comportamiento aceptable. En casi todos los estados existe una ley sobre la correa que establece que es obligatoria para los animales de compañía y de servicio. Las correas ayudan a entrenar al perro para que se comporte correctamente. También le permiten mantener a su perro seguro y protegido cuando está en el exterior.

A continuación, he enumerado algunas de las correas más populares en el mercado, y luego voy a entrar en un poco de detalle acerca de cómo pueden ayudarle con sus necesidades.

- La correa plana estándar
- Las correas de deslizamiento

- Las correas bungee y de goma extensible
- Las correas retráctiles
- El collar Gentle Leader
- Las correas con arnés
- Las correas Martingale

La correa Martingale es similar en estilo a la correa Slip ya que ambas funcionan como un collar y una correa. Esta correa se parece a un collar que se une a una correa añadiendo capacidad de ajuste a la correa. Esta fue diseñada para una cabeza más pequeña y un cuello más grueso, como los galgos. Esto significa que evita que el perro se salga del collar en lugar de poder hacerlo. Se aprieta sobre el perro para detener este comportamiento. Estos no se ven muy a menudo entre los entrenadores de perros, pero puede ser utilizado con éxito con los perros que son propensos a tirar. La martingala se ajusta a la fuerza con la que se tira. Esta correa también tiene un collar y una correa fácil de poner y quitar. Esto significa que no se tarda en poner y quitar la correa, por lo que su uso para una correa rápida es una gran idea.

## La Correa Plana Estándar

Esta es la correa estándar que todo el mundo está utilizando. Tienen una simple abrazadera o broche que ayuda a fijar la correa al collar o arnés que está en el perro. Vienen en 4 pies o 8 pies de longitud. Se enganchan al collar y permiten que su perro tenga un rango de espacio para caminar. Las opciones de material para una correa plana puede ser cualquier cosa, desde el nylon al cuero. Hay varios estilos, y los más populares son los que tienen una apariencia de cuerda. Como son fuertes y de excelente calidad, pueden funcionar con cualquier perro. Proporcionan una buena dosis de seguridad y permiten al adiestrador tener el control del perro. Lo mejor es empezar con una correa de 4 pies para asegurarse de tener todo el control. Una vez que el perro está acostumbrado a los procedimientos y tiene toda la formación que necesitan, entonces usted puede extender su correa a una longitud más larga. Este es un elemento básico en el departamento de accesorios de tener un perro, incluso un perro de asistencia psiquiatrica

## Las Correas de Deslizamiento

Este es el estilo de correa que se utiliza en los refugios. Funcionan como un collar y una correa. A menudo se utilizan para el entrenamiento de los perros, ya que son fáciles de conectar y desconectar del cuello del perro. Parecen una correa normal, pero tienen un pequeño anillo de metal en el extremo de la correa. Tirando de la correa a través del anillo de metal, se puede crear una especie de collar para envolver el cuello del perro, creando una correa y un collar sin fisuras. La colocación de esta correa en el perro es especialmente importante. Debe estar en lo alto del cuello del perro, cerca de las orejas, para que no le cause problemas de garganta, como tos o asfixia. Esta puede ser una zona sensible para el perro, por lo que evitará que el perro tire con fuerza de la correa. Esta no es una solución a largo plazo para el entrenamiento del perro o la seguridad.

## Las Correas Bungee y de Goma Elástica

Esta es una correa que debe evitarse a toda costa. No proporciona un control adecuado para el adiestrador cuando trata de corregir los comportamientos del perro. Dado que la correa bungee o estirable va a rebotar por sí misma, esto significa que el adiestrador no está obteniendo todo el control que necesita para entrenar al perro. Esto anulará la capacidad del adiestrador para manejar al perro.

## Las Correas Retráctiles

Una correa retráctil es capaz de proporcionar a su perro hasta 30 pies de libertad de la correa. La correa es una fina cuerda trenzada que sale de un mango de plástico. El mango contiene un sistema mecánico que permitirá que la correa se extienda a la longitud completa, así como un botón que le ayuda a retraer la correa con una simple pulsación del botón. También proporciona una manera de detener la correa de extender y retraer más allá de un cierto punto. Es una correa extremadamente ineficaz cuando se necesita un entorno controlado. Como no tiene un tiempo de respuesta rápido, permite que el perro se aleje demasiado y no proporciona suficiente control para el manejador. Esto puede llevar a situaciones que pueden llegar a ser extremadamente peligrosas, especialmente si otro perro se enfrenta al perro. Otra cosa que no es efectiva con esta correa es que la fina cuerda trenzada puede enredarse dentro de los mecanismos y ser inútil. También puede enredarse en las patas del perro y otras extremidades, así como en las manos del dueño. Al utilizar una correa retráctil, puede influir en su perro para que crea que le controla a usted en lugar de que usted le controle a él. Esto no proporciona al perro límites claros y puede confundirle.

## El Collar del Líder Gentil

Es similar al bozal de un caballo y proporciona una forma más suave de detener los tirones. Este arnés se coloca sobre el hocico del perro y se utiliza para tirar de él hacía usted con un suave tirón de la cabeza hacia usted. Esto redirigirá la atención del perro y le dará una clara señal de quién tiene el control. Sin embargo, es una correa muy incómoda para el perro. El lenguaje corporal del perro le dará una pista de cómo se siente con este tipo de arnés y correa. Si el perro muestra signos de que no le gusta, entonces yo sugeriría no usarlo. La correa puede causar la pérdida de pelo alrededor del hocico, así como hendiduras permanentes que pueden ser incómodas para el perro. Si usted quiere un perro entrenado profesionalmente, entonces esta correa no es una gran opción, ya que sólo les enseña que va a tirar de su cabeza en el caso de que tire.

## Las Correas de Arnés

Esta es una correa y un arnés que viene en una sola pieza. Esto se utiliza generalmente para los perros que saltan. Es una forma efectiva de enseñarles a no saltar. La correa del arnés puede apretar alrededor del cuerpo del perro cuando él trata de saltar o tirar. Este arnés disminuirá la presión que se aplica a la tráquea, y esto es siempre una gran opción. Sin embargo, es necesario asegurarse de utilizarlo correctamente para evitar el mal uso de la correa y evitar las lesiones que podrían producirse. Por otra parte, el uso de un arnés tradicional puede proporcionar demasiada presión en la zona del pecho, y esto dará lugar a que el perro tire mucho más de la correa.

Por lo tanto, qué correa es mejor para qué tipo de perro y qué debe elegir parece ser la pregunta principal cuando se trata de correas y su nuevo perro de servicio psiquiátrico. Si tiene un perro hiperactivo, necesitará una correa que le permita controlar al perro. Si el perro no es muy hiperactivo y tiende a ser relajado, entonces una correa que es más suelta en el control será una buena opción para este tipo de perro. Cada perro es diferente, y cada correa proporciona una cantidad diferente de control, así como la funcionalidad.

## Correa y Collar Sencillo

Una correa simple con collar puede ser una excelente opción para mantener al perro equilibrado y seguro a su lado. Sin embargo, esto sólo es lo mejor para los perros alegres y tranquilos. Un perro con un entrenamiento de obediencia adecuado puede ser controlado fácilmente con esta correa.

## Collar Antideslizante

Si su perro presenta problemas durante el paseo, una correa de adiestramiento puede ser una gran herramienta que ofrece un gran control cuando el perro se comporta mal. Este es un gran collar y correa para un perro que se distrae fácilmente y puede ser un gran activo para conseguir la atención de su perro de nuevo a la tarea en cuestión. Al dar un tirón firme, rápido y hacia un lado, puede desviar la atención del perro hacia el adiestrador. Esto hará que el perro pierda el equilibrio y redirija su atención hacia el adiestrador en lugar de hacia el acto de tirar. Esto también le permitirá tener en cuenta la seguridad de su perro, permitiéndole dar una corrección segura al perro.

# CAPÍTULO 5
## SEGURO DE MASCOTAS Y CUIDADO DE SU PERRO DE SERVICIO PSIQUIÁTRICO

Otra cosa otra cosa que tendrá que investigar, así como considerar cuando se busca obtener o entrenar a su propio perro de servicio psiquiátrico es el seguro de mascotas y la cantidad de responsabilidad que tendrá cuando el cuidado de su perro.

El seguro para mascotas es algo que puede ser proporcionado por algunas compañías de servicios. También hay programas de pago dentro de las oficinas veterinarias que le proporcionan servicios veterinarios en una base de pago mensual. No se trata de un plan de pago por los servicios prestados, sino de un plan que le cobra por mes los servicios que aún no se han prestado.

En este capítulo, desglosaremos los beneficios y las ventajas de tener un plan de seguro para mascotas y los tipos específicos que están disponibles. También hablaré de los servicios necesarios que su perro de servicio psiquiátrico necesitará para estar en forma. Luego, por último, hablaré de cómo un plan de bienestar puede diferir de un plan de seguro para mascotas y qué beneficios se obtienen al usar uno.

## Seguro de Mascota vs. Wellness Plan de Bienestar en Veterinaria

El seguro para mascotas no es como un plan de seguro tradicional para humanos. Si fuera a comprar un plan de seguro para mí, cubriría las revisiones de rutina y tendría un pequeño plan de cobertura para los servicios de emergencia y las cirugías. Sin embargo, con un plan de seguro para mascotas, tendrá que estar cubierto para los chequeos de alguna otra manera, ya que el plan de seguro sólo cubre los servicios de emergencia y las enfermedades que surgen de repente. Se trata de servicios que podrían llegar a quebrar la cuenta bancaria de ahorro del cuidador. El plan de bienestar para mascotas es lo que se necesitaría para cubrir simplemente las revisiones rutinarias.

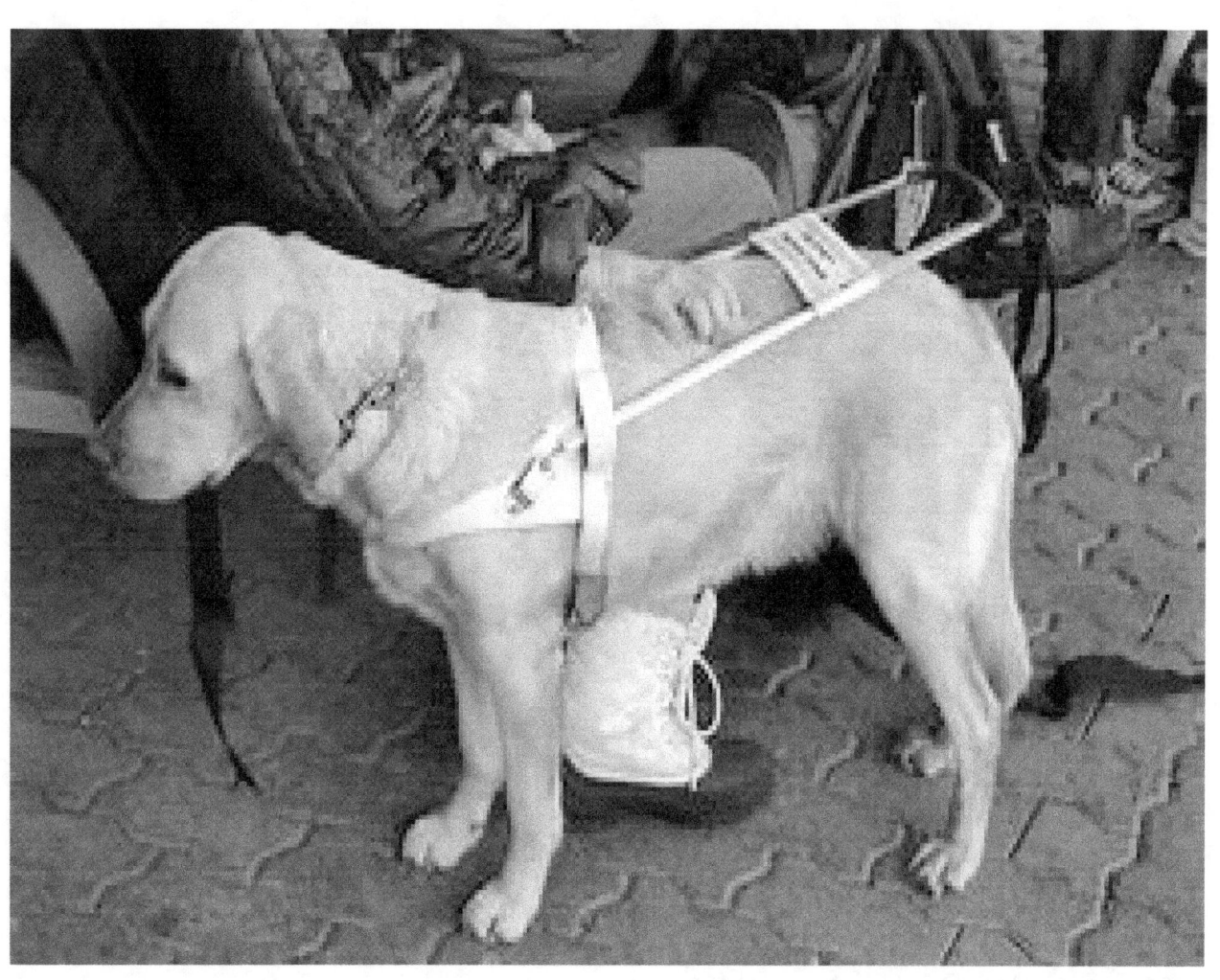

## ¿Y qué Obtienes con un Seguro para Mascotas?

Con la cobertura del seguro, usted obtiene varios beneficios de cobertura. Muchos de estos servicios cubiertos pueden ser bastante caros sin un plan de seguro, y aunque todos pensamos que esto nunca nos ocurrirá, suele ocurrir.

Con un plan de seguro, tendrá cobertura para:

- Cirugía
- Enfermedad
- Accidentes
- Afecciones ortopédicas
- Atención de urgencia
- Terapia
- Enfermedades hereditarias y congénitas
- Medicación con receta
- Rayos X
- Resonancia magnética
- Hospitalización

- Escáneres de gato
- Ecografías, etc.

## ¿Qué Obtienes con un Plan de Bienestar?

Con un plan de bienestar, usted obtiene cobertura para todas aquellas cosas que no están cubiertas por un plan de seguro para mascotas tradicional. Esto puede incluir varios beneficios que le durarán durante años, ya que su perro necesitará muchas rondas de vacunas y revisiones.

A continuación se enumeran las opciones de cobertura que recibirá al adquirir un plan de bienestar para mascotas:

- Limpiezas dentales
- Exámenes anuales
- Análisis de orina
- Esterilización
- Tratamientos contra pulgas, garrapatas y gusanos del corazón
- Vacunas de rutina (rabia, DHLP, Bordetella, Parvo, Lyme, giardia)
- Análisis de sangre de rutina

- Pruebas del gusano del corazón
- Microchip
- Pruebas fecales

Con los seguros para mascotas, a menudo se puede incluir un plan de bienestar como complemento. Sin embargo, no todos los planes de seguros ofrecen este plan de bienestar como complemento. A continuación, se analizarán en detalle varias de las opciones que tiene para adquirir un plan de seguro para mascotas y un plan adicional de bienestar, para que pueda ver los beneficios que cada uno ofrecerá a su perro de servicio psiquiátrico.

# PetsBest Cobertura de Cuidados Rutinarios con Planes de Bienestar

El Plan de Cobertura de Cuidados Rutinarios de PetsBest es una de las opciones más populares. Tienen dos opciones de cobertura para el plan de bienestar. Estas son:

- BestWellness
- EssentialWellness

Se trata de productos adicionales que se pueden añadir al plan de seguro que usted adquiere para su mascota. Cada uno de ellos cubre muchos tratamientos y servicios diferentes. Aunque cubren estos servicios de bienestar, hay un límite por artículo que hay que entender. También hay que añadir el paquete de bienestar dentro de los 30 días siguientes a la compra del plan de seguro para mascotas, así como dentro de los 30 días siguientes a la renovación del plan de seguro. La cobertura cuesta entre 14 y 30 dólares al mes, y esto depende del tipo de plan que elija comprar para su mascota, así como del estado en el que viva. También tiene una clasificación o tope por artículo, lo que significa que el plan de bienestar sólo cubrirá las vacunas por 80 dólares y el examen anual por 50 dólares. Si tu veterinario te cobra más, tendrás que cubrir la diferencia.

Con este plan, no tendrás deducibles por los servicios prestados, y tu cobertura comenzará al día siguiente de pagar.

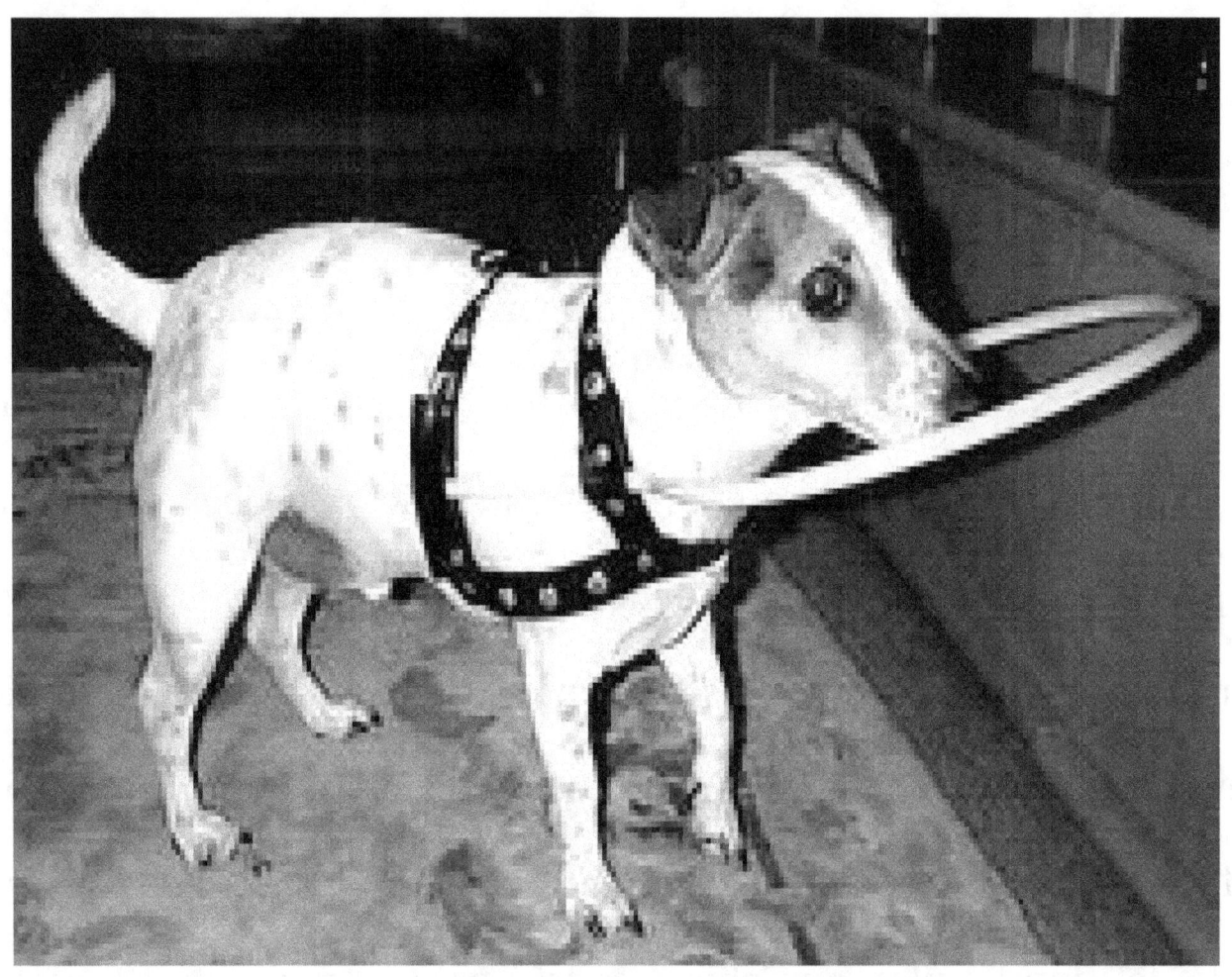

El desglose de PetsBest puede verse en este simpático gráfico.

|  | EssentialWellness | BestWellness |
| --- | --- | --- |
| Por mes | $16 en cada estado, solo en Washington son $14 | $26 cada estado, solo en Washington son $30 |
| Esterilización/blanqueamiento dental | $0 | $150 |
| Rabia | $15 | $15 |
| Prevención de pulgas/garrapatas | $50 | $65 |
| Prevención de gusanos del corazón | $30 | $30 |
| Vacunación y certificación | $30 | $40 |
| Examen de salud | $50 | $50 |
| Prueba del gusano del corazón | $25 | $30 |
| Examen de sangre, heces y parásitos | $50 | $70 |
| Microchip | $20 | $40 |
| Análisis de Orina | $15 | $25 |
| Desparasitación | $20 | $20 |
| Beneficios Anuales Totales | $305 | $535 |

## COBERTURA DE BIENESTAR 24PETWATCH CON PLANES DE BIENESTAR Y PLANES DE BIENESTAR AVANZADOS

Este plan de seguro tiene 2 opciones de cobertura adicionales para un plan de bienestar. Cada uno de estos planes tendrá límites de cobertura. Estos planes comienzan en $10 por mes para el complemento de bienestar de rutina y la cobertura de bienestar avanzada de $25 por mes. Con este plan, no hay deducible. He incluido una tabla a continuación para que usted pueda ver las diferencias en la cobertura. Esto le ayudará a ver las diferencias entre dos tipos diversos de opciones de cobertura entre las dos compañías.

|  | Rutina de Salud | Bienestar Avanzado |
|---|---|---|
| Limpieza Dental Estudio Fecal | N/A | $100 |
| Prevención de gusanos del corazón, pulgas y garrapatas | N/A | $55 |
| Prueba **del gusano del corazón o prueba del virus de leucemia felina.** | $15 | $15 |

| | | |
|---|---|---|
| **Procedimiento de microchip y/o análisis de orina** | $20 | $20 |
| **Esterilización y/o análisis de sangre de bienestar** | $80 | $100 |
| Examen de Salud | $40 | $50 |
| **Vacuna de Bordetella canina/ vacuna de virus de leucemia canina** | N/A | $15 |
| **Certificado DHLPP canina o vacuna FVRCP feline** | $15 | $15 |
| Certificado **contra la rabia y/o vacuna/Certificado contra el Lyme, o vacuna/Certificado contra el FIP** | $15 | $15 |

## Plan Seguro de salud para mascotas de ASPCA con un plan preventivo

La ASPCA ofrece 2 planes preventivos separados que cubren los servicios de rutina que se utilizan para evitar que su perro de asistencia psiquiátrica se enferme. Este es un plan básico que tiene servicios limitados en comparación con un plan principal que tiene más servicios proporcionados fuera de los ofrecidos por el plan básico. Estos planes preventivos estarán cubiertos por la marca Hartville. Con el plan preventivo, no hay periodo de espera ni deducible.

A continuación encontrará un cuadro que le ayudará a comprender las coberturas que están a su disposición a través de este plan.

|  | Básico | Premium |
|---|---|---|
| Por mes | $9.95 | $24.95 |
| Limpieza dental | $100 | $175 |
| Vacunación antirrábica | $20 | $25 |
| Prevención de pulgas y gusanos de corazón | $0 | $50 |

| | | |
|---|---|---|
| Vacuna de DHLP/ Certificado | $20 | $25 |
| Vacuna de Bortadella/ certificado | $0 | $25 |
| Prueba fecal | $20 | $25 |
| Examen de salud | $50 | $50 |
| Prueba del gusano de corazón. | $20 | $25 |
| Análisis de sangre | $0 | $25 |
| Microchip | $20 | $40 |
| Análisis de orina | $0 | $25 |
| Certificado de salud | $0 | $25 |
| Desparasitación | $20 | $25 |
| Beneficios anuales totales | $250 | $500 |

Como puede ver, cada una ofrece dos opciones de compra diferentes para el complemento de bienestar con un plan de seguro. Cada una de ellas tiene una cantidad determinada de cobertura y le ofrece varias medidas preventivas u opciones de pruebas. Con el seguro independiente, éste sólo cubre algunas situaciones de emergencia y enfermedades que surgen cuando son inesperadas.

Las prestaciones que se ofrecen para un plan de bienestar pueden incluir varias de estas opciones.

- Exámenes de bienestar
- Microchip
- Acicalamiento
- Desparasitación
- Prevención de parásitos
- Vacunas
- Entrenamiento del comportamiento
- Cuidados dentales
- Esterilización
- Exámenes de rutina

Y cuando se combina con un plan de seguro para mascotas, puede obtener beneficios adicionales que le ayudarán en esos momentos de necesidad urgente. Estos beneficios incluyen los que se enumeran a continuación.

- Accidentes

- Afecciones ortopédicas
- Condiciones hereditarias y congénitas
- Enfermedades
- Medicamentos recetados
- Atención de urgencia

Cuando se inscribe en un plan de bienestar, puede pagar sólo por lo que utiliza, y está cubierto por una pequeña cuota mensual. Con el seguro, pagará una cuota mensual que le proporcionará una cobertura con un límite anual, una franquicia por incidente y una tasa de reembolso sin atención rutinaria. Esto determinará cuánto será su coste mensual en función de los porcentajes o el límite que tenga para los servicios al año.

A continuación se muestra un ejemplo de lo que puede esperar al contratar la póliza de seguro para su mascota.

## SEGURO PARA MASCOTAS PETFIRST

| | |
|---|---|
| Límite anual | $10,000 |
| Deducible por incidente | $250 |
| Tasa de reembolso | %80 |
| Cuidados de rutina | N/A |
| Tarifa mensual | $80.50 |

| | |
|---|---|
| Límite anual | $10,000 |
| Deducible por incidente | $250 |
| Tasa de reembolso | %80 |
| Cuidados de rutina | N/A |
| Tarifa mensual | $97.50 |

## PetPlan

| | |
|---|---|
| Limite anual | $10,000 |
| Deducible por incidente | $250 |
| Tasa de reembolso | %90 |
| Cuidados de rutina | N/A pruebas de laboratorio, suplementos dietéticos, eutanasia al final de la vida, |
| Tarifa mensual | $50.72 |

## Adopción

| | |
|---|---|
| Limite anual | $15,000 |
| Deducible por incidente | $750 |
| Tasa de reembolso | %80 |
| Cuidados de rutina | N/A, cobertura de bienestar $250, laboratorio $10,000, suplementos dietéticos $250 como parte del plan de bienestar, fin de vida y entierro $10,000, $250, eutanasia al final de la vida $10,000, cobertura de viaje $10,000 lesiones y enfermedad solamente. |
| Tarifa mensual | $21.02 |

## Trupanion

| | |
|---|---|
| Limite anual | Ilimitado |
| Deducible por incidente | $250 por condición |
| Tasa de reembolso | 90% |
| Cuidados de rutina | N/A, laboratorio- ilimitado, suplementos dietéticos- ilimitado, fin de vida y entierro- ilimitado, eutanasia al final de la vida- ilimitado, cobertura de viaje- ilimitada- sólo para lesiones y enfermedades. |
| Tarifa mensual | $35.04 |

## ASPCA

| | |
|---|---|
| Limite anual | $2,500 límite de por vida |
| Deducible por incidente | $250 |
| Tasa de reembolso | 70% |
| Cuidados de rutina | 2.500 $ -ilimitado con atención preventiva adicional, cobertura de viaje sin visita a domicilio dentro de EE.UU. y Canadá |
| Tarifa mensual | $12.89 |

Cada una de estas compañías tiene un estándar diferente en el que basan su cobertura, y cada una de estas tarifas se muestra con varios niveles de cobertura. Esto es para darle una base con la que puede solicitar la cobertura. Todos tenemos diferentes necesidades y niveles de ingresos, así como perros. Estas tarifas se basan en un perro joven, un pastor australiano, sin condiciones preexistentes ni marcadores genéticos.

Como puede ver, puede optar por un plan de seguro que sea una póliza independiente, o puede optar por un plan de seguro y un paquete de bienestar. Si no le preocupan las lesiones o los accidentes que pueda sufrir su perro, una póliza de bienestar independiente es otra opción que puede ser la más adecuada para usted. Lo que elija dependerá de sus necesidades, su capacidad financiera y su disponibilidad en su zona.

# CAPÍTULO 6
## *REGULACIONES GUBERNAMENTALES*

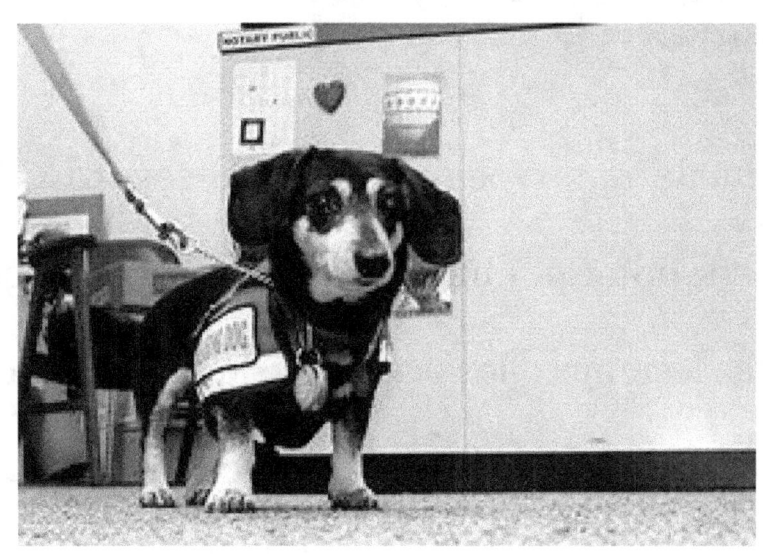

Dado que el gobierno tiene una mano en todas las cosas dentro de los EE.UU., voy a repasar algunas de las regulaciones que son los factores decisivos que debe considerar al entrenar su propio perro de servicio psiquiátrico. La Ley de Estadounidenses con Discapacidades tiene una cobertura específica que se refiere a las leyes sobre personas con discapacidades, vivienda, espacios de acceso público, viajes y mucho más.

También ayuda a identificar lo que es una persona con discapacidad o impedimento y cómo reconocer a los perros de servicio psiquiátrico que son cuidados por aquellos que son discapacitados y sus derechos como individuos discapacitados. La ADA establece que las personas discapacitadas y con deficiencias que tienen un perro de servicio psiquiátrico deberán tener acceso a su perro de servicio psiquiátrico en todo momento, y por lo tanto se les permite llevarlos a los médicos, al hospital, en un avión, tren, autobús o cualquier otra instalación o transporte de acceso público. También establece que la vivienda tiene que hacer ajustes razonables para que la persona que es discapacitada conviva con su animal de servicio.

## ¿Cómo Registro a mi Perro de Asistencia Psiquiátrica?

Para tener un perro de asistencia psiquiátrica, es necesario entrenarlo adecuadamente. Según las leyes de la ADA, no tiene que pagar a alguien para que entrene a su perro para los servicios que necesita. Sin embargo, sí que tiene que prestar un servicio real aparte de hacerte sentir mejor emocionalmente. Los diversos tipos de tareas que su perro puede realizar para usted se basan en sus necesidades psiquiátricas. El perro de servicio psiquiátrico necesita proporcionar un servicio para el individuo discapacitado basado en su discapacidad. Estas tareas pueden incluir:

- Redirigir o interrumpir un comportamiento compulsivo que es destructivo.

- Localizar algo que la persona discapacitada pueda necesitar o ayudarla a encontrar un lugar seguro cuando está desorientada en una gran multitud.

- Buscar en una habitación a alguien que lucha contra el TEPT.

- Orientar al manipulador que padece trastornos disociativos.

- Estar alerta a los sonidos que pueden ser alarmantes para el manejador o al humo, así como a las alarmas de seguridad cuando suenan.

- Ayudar a mantener el equilibrio al manipulador que necesita seguridad y apoyo para caminar.

- Localizar y llevar la medicación u otros objetos al adiestrador en el momento en que los necesite.

El siguiente paso, una vez que su perro está entrenado para el servicio específico que necesitará, es tomar la decisión de si desea registrar el perro de servicio psiquiátrico para obtener un certificado de la organización de registro de perros de servicio psiquiátrico. El registro no es un paso necesario ya que no es un requisito legal. La ventaja de registrarlo es que pueden proporcionarte una tarjeta de identificación para tu perro, así como chalecos, insignias de identificación y un certificado que demuestre que es un perro de servicio psiquiátrico registrado. Estas cosas serán especialmente útiles cuando salgas al mundo con un perro de servicio psiquiátrico, sobre todo el chaleco. A menudo, te preguntarán si el perro es un perro de servicio psiquiátrico, y a veces incluso te pedirán una prueba, aunque es muy ilegal que lo hagan. Si se decide por esta vía, asegúrese de que la empresa con la que se registre sea una empresa de confianza. Así se asegurará de que la certificación es legítima.

# La ADA para Personas Propietarias de Perros de Asistencia Psiquiátrica

Según la ADA, sólo los perros son reconocidos como animales de servicio psiquiátrico. Esto significa que como perro de servicio psiquiátrico, son reconocidos bajo las leyes y normas de la ADA. Estas normas se han establecido desde hace varios años. La definición de un perro de servicio psiquiátrico es un perro que está entrenado para realizar una tarea específica que es útil para la discapacidad del individuo. Este perro debe ser capaz de realizar tareas específicas, así como de realizar trabajos relacionados con la persona discapacitada. Cualquier edificio o instalación de acceso público debe permitir que el perro de servicio psiquiátrico acompañe a la persona discapacitada en todas las áreas a las que el público o un miembro esté autorizado a ir.

Los animales de servicio se consideran animales de trabajo, no mascotas, y las tareas deben estar relacionadas con la discapacidad de la persona discapacitada. Si el perro sólo proporciona comodidad o apoyo emocional, no puede considerarse un animal de servicio según la ADA. Sin embargo, sí entran en la norma de animales de apoyo emocional que establece la Autoridad de la Vivienda. Aunque esta definición de animal de servicio puede ser limitante, no afecta a la definición más amplia de animal de asistencia que se describe en la Ley de Acceso al Transporte Aéreo.

Hay varios estados y leyes locales que proporcionan una definición más amplia que la de la ADA. Esta información se encuentra a través de la Oficina del Fiscal General de los estados.

## ¿Dónde Puedo Llevar a mi Perro de Servicio?

Debido a las leyes que establece la ADA, su gobierno local y estatal y varias organizaciones sin ánimo de lucro que prestan servicios al público tienen que permitir que un animal de servicio dentro de sus instalaciones acompañe al individuo discapacitado. Estos accesos sólo se aplican a las áreas a las que el público tiene acceso normal. Un animal de servicio puede entrar en un hospital con un paciente discapacitado, así como en las cafeterías, salas de examen e incluso en las urgencias. Sin embargo, si la entrada de un animal de servicio puede causar problemas a la zona o a las personas que se encuentran en ella, el animal de servicio puede ser excluido. Esto incluye los quirófanos o las unidades de quemados, ya que la presencia del animal de servicio podría crear un entorno no estéril.

¿QUÉ PUEDE ACCESO DEL INGRESO A UN ANIMAL DE SERVICIO INDIVIDUAL?

El animal de servicio debe estar bajo el control total de su cuidador en todo momento mientras esté en el edificio. Debe llevar un arnés, una correa o estar atado, a menos que el uso de estos accesorios dificulte el trabajo de servicio del animal de servicio para el individuo, o que la discapacidad impida el uso de estos accesorios. Si este es el caso, la persona discapacitada tiene que tener el control total del animal mediante una orden de voz o una señal.

Si el servicio que el perro presta a la persona discapacitada no resulta evidente para el empresario, éste puede hacer un número limitado de preguntas para comprobar que el perro es un animal de servicio. Sólo puede hacer dos preguntas a la persona discapacitada sobre el animal de servicio.

- ¿Es este animal de servicio necesario debido a una discapacidad?

- ¿Qué tarea realiza el animal de servicio para la persona discapacitada?

El personal no puede hacer ninguna pregunta sobre la discapacidad de la persona, ni pedirle documentación médica. No pueden exigir una identificación del perro ni ningún tipo de certificado de adiestramiento. No pueden pedir que el perro demuestre su capacidad para realizar su tarea o que se le muestre la tarea que realiza.

El miedo a un perro no es una excusa válida para excluir al animal de servicio de la entrada. Tampoco se puede excluir de las alergias. Si hay una persona en la misma aula o albergue con alguien que tiene alergia a los perros o a la caspa de las mascotas, entonces hay que hacer una adaptación para que cada persona esté cómoda. Se les debe proporcionar un espacio separado para sentarse o dormir si existe la posibilidad de hacerlo.

A las personas con discapacidad no se les puede pedir ni obligar a sacar a un perro de servicio psiquiátrico de la propiedad de un negocio o instalación de acceso público a menos que ocurran estas dos cosas

- El perro se descontrola y el adiestrador no puede manejarlo.

- El perro no está entrenado para ir al baño.

Si esto ocurre, entonces tienen que ofrecer a la persona con el animal de servicio la oportunidad de comprar las cosas que necesita con la presencia del animal de servicio.

Si el establecimiento vende o prepara comida, tiene que ofrecer al animal de servicio el derecho a entrar en las zonas públicas, incluso si los códigos sanitarios locales o estatales prohíben la entrada de animales en la zona.

Una persona discapacitada que utiliza un animal de servicio no puede ser separada de las demás personas dentro de un establecimiento o negocio debido al animal de servicio y no se le pueden cobrar tarifas adicionales por ese animal de servicio. Si el negocio exige una fianza a los huéspedes con animales de compañía, esta tasa debe quedar exenta en el caso del animal de servicio.

Si un hotel cobra a los huéspedes por los daños causados por ellos mismos o por sus mascotas, se les permite cobrar por cualquier cosa dañada por el huésped o por el perro de servicio psiquiátrico.

El personal de un hotel o empresa no está obligado a proporcionar ningún servicio o comida al animal de servicio. Tampoco están obligados a proporcionar cuidados al animal de servicio.

Aunque este libro trata de un perro de servicio psiquiátrico, hay algunas leyes que otorgan a los caballos miniatura algunos derechos en virtud de las leyes de la ADA. Si el caballo miniatura presta un servicio o realiza tareas para una persona discapacitada, entra dentro de las directrices de un animal de servicio. Esto se define aún más por lo que sería un caballo miniatura. Tienen una altura de entre 24 y 34 pulgadas si se mide desde la parte inferior de la pezuña hasta la parte superior de los hombros. También deben pesar entre 70 y 100 libras. Si la persona discapacitada utiliza un caballo miniatura como animal de servicio, se le deben proporcionar ajustes razonables. Hay 4 formas de evaluar al caballo miniatura para determinar el alojamiento dentro de la instalación.

- ¿Está el caballo miniatura entrenado para ir al baño?
- ¿Está el caballo miniatura bajo el control del adiestrador?
- ¿Dispone el establecimiento de espacio para acomodar el tamaño, el tipo y el peso del caballo miniatura?

- ¿Comprometerá la presencia del caballo miniatura los requisitos de seguridad que proporcionan legítimamente una instalación operativa segura?

## AUTORIDAD DE ALOJAMIENTO PARA PROPIETARIOS DE PERROS DE SERVICIO PSIQUIÁTRICO

Según el artículo 504 de la Ley de Rehabilitación de 1973, dentro de la Ley de Estadounidenses con Discapacidades, se definen los animales de servicio como animales que ayudan a los discapacitados. Sin embargo, el Departamento de Justicia limita esta definición sólo a los perros y luego excluye a los animales de apoyo emocional de ser definido como un animal de servicio. Bajo las Autoridades de Vivienda, los animales de apoyo emocional están cubiertos para los ajustes razonables como un animal de asistencia. Lo que esto significa es que una persona con una discapacidad puede esperar ajustes razonables cuando alquila un lugar y tiene un animal de servicio o un animal de apoyo emocional. La FHA y la ADA cubren las viviendas que son públicas o gestionadas por una oficina de arrendamiento o inmobiliaria, así como las viviendas de las universidades.

La ley del Título II se aplica a las viviendas que son entidades públicas, así como a las viviendas del gobierno y a las universidades. El Título III se aplica a las oficinas de alquiler y a los refugios, así como a las viviendas multifamiliares, a las instalaciones que proporcionan una vida asistida y a las viviendas de la enseñanza pública. El 504 también proporciona cobertura a aquellas viviendas que reciben ayuda financiera para sus necesidades de vivienda. El HUD cubre todo tipo de viviendas. Esto incluye las casas de propiedad privada y las que reciben asistencia federal. Sin embargo, hay algunas exclusiones limitadas que son excepciones a las reglas. En las situaciones de vivienda en las que se prohíbe tener animales de compañía, el propietario debe permitir y proporcionar adaptaciones razonables a las personas discapacitadas que tengan o deseen tener un animal de asistencia. Dado que un animal de asistencia no es una mascota, la política de no mascotas, el depósito de mascotas o el alquiler de mascotas no se aplica a estos animales. La definición de animal de asistencia se ha descrito a lo largo de este libro en varias ocasiones, y también se refiere a esta definición.

En el caso de los ajustes razonables, no hay ninguna ley que exija que el perro sea adiestrado individualmente por un programa específico o que esté certificado o registrado en alguna organización concreta. Los perros son los únicos cubiertos como animales de servicio. Sin embargo, un animal de apoyo emocional es un animal que proporciona apoyo emocional al individuo. Si se presenta la solicitud para que un residente utilice un animal de asistencia, entonces deben seguir los principios generales que son aplicables para las adaptaciones que se han solicitado. A continuación, deben tener en cuenta estos aspectos para evaluar el alojamiento.

- ¿Esta persona tiene una discapacidad?
- ¿Tiene esta persona discapacitada un animal de asistencia que le proporciona un servicio para su discapacidad? ¿O un apoyo emocional que ayuda a aliviar los síntomas de la discapacidad de la persona?

Si la respuesta a cualquiera de estas preguntas es negativa, entonces el alojamiento no es necesario, y la solicitud podría ser denegada. Si la respuesta a cada una de las preguntas es afirmativa, la adaptación debe realizarse. La única exclusión es que la adaptación cree cargas financieras indebidas o altere la naturaleza fundamental de dicha propiedad.

Por ejemplo, si el animal de servicio ha demostrado que es una amenaza directa para la seguridad de los demás y no puede cambiarse por otro alojamiento, entonces puede denegarse, o en el caso de que el animal específico en cuestión cause daños a la propiedad que no puedan eliminarse o evitarse con otro alojamiento.

Esto no puede basarse en el tamaño del perro, la raza o el peso. Y para denegar la entrada al animal, la decisión debe basarse en ese animal concreto y no en un miedo o especulación generalizados. Tampoco puede basarse en un animal o perro de servicio anterior.

Las restricciones o condiciones que se aplican a las mascotas en las comunidades de vecinos no pueden imponerse a un animal de servicio. Por ejemplo, la fianza para animales de compañía no se aplica a un animal de servicio o de apoyo emocional, ni tampoco el alquiler mensual. La denegación no puede basarse en la incertidumbre del propietario de la vivienda sobre la discapacidad de la persona o la necesidad de los servicios de un animal de servicio. Si la discapacidad no es aparente, pueden pedir documentación fiable proporcionada por un médico, psiquiatra, trabajador social u otros profesionales de la salud mental para explicar la necesidad del animal de servicio. Esto proporcionará documentación suficiente. La carta no tiene que ser específica sobre las discapacidades del paciente.

Sin embargo, no pueden pedir a la persona que presente su historial médico ni facilitarle el acceso al proveedor de sus necesidades médicas. Tampoco pueden pedirles que proporcionen detalles así como pruebas materiales extensas sobre su discapacidad con documentación de un examen clínico. Cada solicitud de ajuste razonable se evalúa individualmente para cada persona. No pueden denegar condicionalmente el alojamiento ni cobrar una cuota, como un depósito, como condiciones para que se permita el animal de servicio del solicitante. Tampoco pueden retrasar la respuesta durante un periodo de tiempo no razonable.

Si considera que se le ha denegado injustamente, póngase en contacto con el HLTD para presentar una queja sobre la denegación.

Aunque los animales de apoyo emocional están cubiertos por las directrices del HUD, no se consideran animales de servicio. Simplemente proporcionan apoyo emocional, consuelo, compañía y apoyo al bienestar de la persona discapacitada. Debido a la definición de un animal de servicio, sólo un perro, así como un caballo miniatura, puede ser considerado un animal de servicio bajo la ADA.

Dicho esto, pasaré al siguiente capítulo, donde empezaré a dar detalles en profundidad sobre cómo entrenar a tu perro de servicio psiquiátrico para los servicios específicos que necesitas.

# CAPÍTULO 7
## REQUERIMIENTO DE ACCESO AL PÚBLICO PARA PERROS DE SERVICIO PSIQUIÁTRICO

LO QUE NECESITAN SABER PARA ENTRAR EN EDIFICIOS, VOLAR EN AVIONES Y DEMÁS HABILIDADES DE ACCESO AL PÚBLICO

Como propietario de un perro de servicio psiquiátrico, debe entrenar a su perro para que realice ciertas tareas, así como asegurarse de que está bajo control en todo momento mientras está en público. Hay algunas cosas que debes hacer para asegurarte de que tu perro está bien entrenado antes de que se le permita estar en el transporte público o en edificios públicos como perro de servicio psiquiátrico. Estas cosas se enumeran a continuación.

Sentarse a la orden en varias situaciones - el perro de servicio psiquiátrico necesita entender que cuando usted dice "siéntate", se sienta y se queda sin tratar de levantarse y deambular.

Carga y descarga controlada de un vehículo - necesitan estar bajo control mientras son cargados en un vehículo o descargados de un vehículo.

Se tumba cuando se le ordena en diversas situaciones: tiene que entender y responder adecuadamente cuando se le dice que se tumbe.

Aproximación controlada a un edificio: tienen que estar completamente bajo su control cuando se acercan a un nuevo edificio o a cualquier edificio.

Entrada y salida controlada a través de una puerta - Deben estar bajo control cuando entren en edificios nuevos o en los que ya hayan visitado. Los portales pueden asustar a un perro, y entrar a través de uno es necesario para la mayoría de las actividades.

Control cuando se suelta la correa - Si se le suelta la correa, tiene que estar bajo su control y no perseguir a los animales, a las personas o simplemente alejarse.

Control en un restaurante - Tienen que ser capaces de tumbarse debajo de la mesa en un restaurante y no representar un problema para el restaurante.

Control en un edificio - Deben ser capaces de controlar el talón en un edificio y no crear ningún problema.

Recuperación de seis pies con la correa - Tienen que sentirse cómodos con una correa de recuperación de seis pies y no tratar de alejarse o cruzar el camino de los demás.

## ¿CÓMO DEBEN REACCIONAR A OTROS ANIMALES Y PERSONAS?

Un animal de servicio debe responder a las personas y a los animales como si no estuvieran presentes. La mayoría de los animales de servicio llevan chalecos, y estos chalecos dicen que son animales de servicio y piden que nadie los acaricie. Aunque esto se recomienda para algunos animales, a veces he podido acariciar a un animal de servicio. Es una buena regla general preguntar al adiestrador si está bien antes de acercarse al perro. Un perro que es agresivo con los niños u otras personas no es un perro de servicio psiquiátrico adecuado.

Cuando el perro de servicio psiquiátrico camina por la calle, debe ser completamente ajeno a los otros animales de la calle o a las otras personas. Debe estar hiperconcentrado en lo que hace el adiestrador y en si éste necesita ayuda.

Los dos capítulos siguientes tratan de las técnicas de adiestramiento del perro de servicio psiquiátrico para los servicios específicos que pueden realizar los perros y a los que beneficiarán. Una de las técnicas de adiestramiento es sobre la recuperación, y esto es algo que todas las personas con discapacidad pueden utilizar para ayudarles en su vida diaria.

[¿TE GUSTA LO QUE ESTÁS LEYENDO? ¿QUIERES ESCUCHARLO EN FORMA DE AUDIOLIBRO? ¡HAZ CLIC AQUÍ PARA CONSEGUIR ESTE LIBRO GRATIS AL UNIRTE A AUDIBLE!](https://adbl.co/2YqyNOh)

https://adbl.co/2YqyNOh

# CAPÍTULO 8
## ENTRENAMIENTO PASO A PASO DE UN PERRO DE ASISTENCIA PSIQUIÁTRICA

Cada animal de servicio realiza una tarea específica que se le enseña para ayudarle en sus necesidades de discapacidad. Aunque cada animal de servicio necesita tener un curso de entrenamiento de obediencia básica antes de ser entrenado para el servicio, en realidad pueden empezar a entrenar para la obediencia y luego para el servicio que usted necesita en el mismo curso de entrenamiento. No tiene que pagar a un adiestrador para que entrene a su perro por usted. De hecho, es mejor que los entrene usted mismo para que ambos estén familiarizados con los pasos del entrenamiento y para que pueda tener el líder de la manada establecido.

### PARA PACIENTES CON ANSIEDAD O DEPRESIÓN

- Un perro de servicio psiquiátrico para la ansiedad o la depresión tendrá que realizar ciertas tareas para calificar como un perro de servicio psiquiátrico. Estas tareas pueden incluir
- Proporcionar consuelo y apoyo
- Recoger la medicación
- Utilizar la estimulación táctica para desviar la atención del adiestrador lamiendo la cara.
- Ser capaz de identificar los signos de un ataque de pánico o el inicio de un ataque de pánico.
- Proporciona un sentido de propósito y trabajo a la persona discapacitada. Proporciona una razón para levantarse de la cama o salir a la calle. Alimentar, pasear y cuidar al perro.

Un perro de servicio psiquiátrico para la depresión es un gran recurso para aquellos que luchan por salir de sus casas, especialmente si esa persona está en un estado constante de depresión o pensamientos negativos, así como cuando es suicida. Pueden ayudar a la persona deprimida a vivir una vida más plena.

## Entonces, ¿cómo entrenar a su perro de servicio psiquiátrico para tareas de depuración?

En primer lugar, debe empezar por lo básico. Asegúrese de que su perro tiene un entrenamiento básico de obediencia, como el que encontraría al inscribir a su perro en el Entrenamiento de Buen Ciudadano.

Todos los perros necesitan tener ciertas habilidades básicas para empezar a ser entrenados para su Servicio Psiquiátrico. A continuación se detallan las habilidades que son necesarias para ser entrenado desde el principio.

- Sentarse y quedarse
- Abajo
- Arriba

- Talón

- Venir

- Deja

- Así como orinar fuera de casa cuando se le indique.

Si usted no está preparado para entrenar a su perro para estas tareas simples, entonces usted tendrá que encontrar un entrenador que puede hacer esto para usted. También debe considerar la posibilidad de pagar a alguien para entrenar a su perro para el servicio que usted necesita después de la obediencia se aprende.

A continuación, tendrá que determinar qué servicio le prestará el perro. Como ocurre con la mayoría de las discapacidades, necesitará tener alguna forma de obtener un teléfono cuando no tenga la capacidad de caminar o moverse. Este es un problema continuo para los que tienen problemas de movilidad, así como para los ancianos y los que se deprimen gravemente. Por lo tanto, entrenar a su perro para que recupere el teléfono es una gran tarea que deben aprender. Otra tarea para la ansiedad es identificar cuando se avecina un ataque de ansiedad y proporcionar estimulación táctil lamiendo a la persona o dando un codazo al adiestrador para que pueda empezar a acariciar al perro para reducir la ansiedad y calmarse rápidamente.

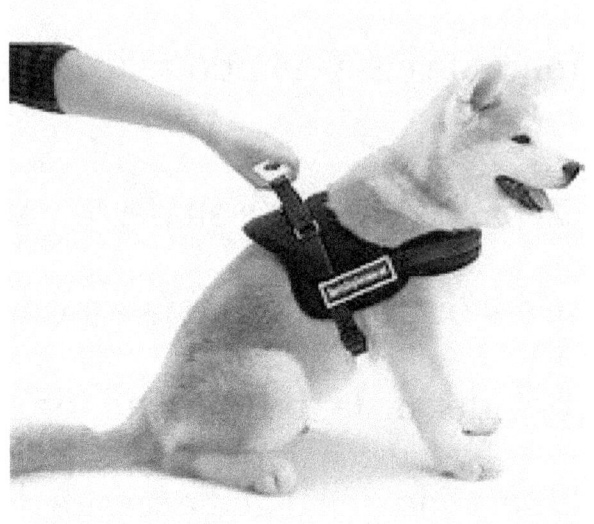

PASO A PASO DEL PROCESO PARA ENTRENAR A UN PERRO A RECUPERAR COSAS:

Para hacer una recuperación formal, el perro de servicio psiquiátrico tendría que ser entrenado para agarrar un objeto, llevar ese objeto y soltarlo en la mano del entrenador. Este proceso requerirá paciencia y determinación. También necesitará un profundo sentido del humor para lograrlo. La recuperación permite al perro abrir puertas, recoger un objeto que se ha caído, coger el teléfono, llevar unas bolsas, entregar un mensaje a alguien, ayudar a alguien a vestirse o desvestirse, y mucho más. Si usted utiliza sus manos, el perro de servicio psiquiátrico utilizará su boca. Es vital que vaya despacio y cree un patrón.

## Técnica para motivar la recuperación

Puedes empezar desde las 5-7 semanas de edad al enseñar esta técnica.

Empiece por enseñarles a llevar, a meter en la boca o a jugar con diferentes texturas. Ofrézcales botellas de vidrio, tubos de PVC, trozos cortos de metal, llaveros y juguetes que tengan texturas resbaladizas, no divertidas o frías mientras están supervisados. Si se acostumbran a las diferentes texturas, será más fácil enseñarles a recuperar objetos.

## Antes de Empezar

La sincronización debe ser impecable y usted debe tener confianza. Este es un proceso que le llevará mucho tiempo.

## Acondicionar al cachorro o al perro adulto con un clicker en su entrenamiento

Acondicionar al perro para que se concentre en el clicker durante un breve período de tiempo, y comprender las técnicas básicas de orientación es una necesidad.

## ¿Qué suministros necesitarás?

- Las mancuernas son útiles cuando se les enseña a recuperar algo. También puede utilizar un maniquí de recuperación.
- Clickers
- Golosinas de gran valor o que sean las favoritas de su perro. Pueden ser cosas como bocados de pollo, salchichas u otros tipos de golosinas.

# DIRIGIENDO A UN PERRO DE SERVICIO PSIQUIÁTRICO

- Utilizando una silla, siéntese y haga que su perro de servicio psiquiátrico se enfrente a usted.

- Extiende la mancuerna con el clicker.

- Coloque las golosinas en la otra mano.

- Muestre la mancuerna a su perro. A continuación, haga clic en el clicker y coloque la golosina delante de la nariz y golpéela.

- Mueva la mancuerna de un lado a otro y continúe pulsando el mando mientras apunta a la nariz para golpear la mancuerna y luego dé al perro la golosina por el golpe.

- No preste atención a las órdenes vocales o a los zarpazos de su perro. Sólo preste atención a los golpes de nariz y a la entrega de la golosina.

- Siga practicando estos procesos de apuntar a la mancuerna con el clicker y golpear la nariz, y luego dar al perro una golosina hasta que el perro se concentre y se mueva unos metros en dirección a la mancuerna y la golpee con la nariz.

Una vez que haya apuntado a la mancuerna y esté haciendo este proceso correctamente, estará listo para empezar a golpear la mancuerna con la boca.

## Engañando al Perro de Servicio Psiquiátrico

- Utilizando una silla, siéntese y haga que su perro de servicio psiquiátrico se enfrente a usted.

- Extiende la mancuerna con el clicker.

- Coloque las golosinas en la otra mano.

- Muestre la mancuerna a su perro. A continuación, haga clic en el clicker y coloque la golosina delante de la nariz y golpéela.

- Mueva la mancuerna de un lado a otro y continúe pulsando el mando mientras apunta a la nariz para golpear la mancuerna y luego dé al perro la golosina por el golpe.

- No preste atención a las órdenes vocales o a los zarpazos de su perro. Sólo preste atención a los golpes de nariz y a la entrega de la golosina.

- Siga practicando estos procesos de apuntar a la mancuerna con el clicker y golpear la nariz, y luego dar al perro una golosina hasta que el perro se concentre y se mueva unos metros en dirección a la mancuerna y la golpee con la nariz.

Una vez que haya apuntado a la mancuerna y esté haciendo este proceso correctamente, estará listo para empezar a golpear la mancuerna con la boca.

La siguiente parte del entrenamiento para un perro del Servicio Psiquiátrico es enseñar técnicas de distancia, duración y distracción. Esto ayuda a aumentar la comprensión que tiene el perro del comportamiento o comando que le está indicando. Tome cada uno de estos, paso a paso, ya que se distraen y pueden resultar confusos.

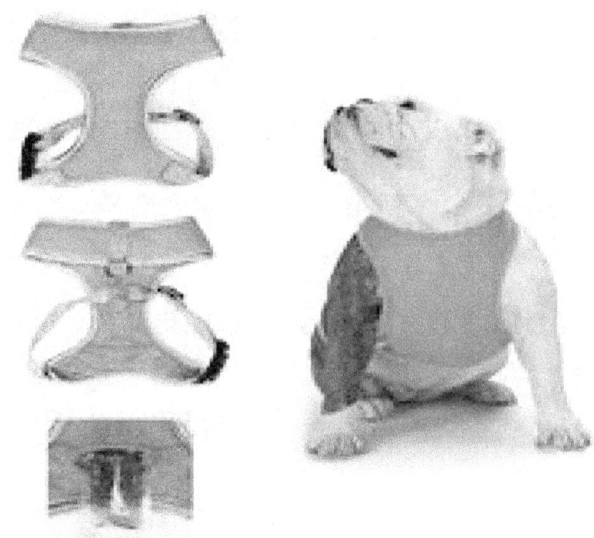

En este momento, el perro del Servicio Psiquiátrico debería buscar una golosina tan pronto como escuche el clicker. También debe agarrar la mancuerna o recuperar el muñeco tan pronto como se lo presente. No se preocupe si ella lo escupe inmediatamente. Su perro del Servicio Psiquiátrico también debería poder moverse hacia la izquierda o hacia la derecha una distancia corta para recuperar la mancuerna.

## Introduciendo la señal de liberación

Aunque parece un retroceso entrenar para soltar antes de entrenar para sostener, una vez que aprendan que soltarán el objeto en su mano, podrán entender que necesitan esperar la señal para soltarlo.

- Asegúrese de que su perro puede hacer un par de rondas de clics y luego recibir un premio por agarrar la mancuerna. Una vez que llegue a unas 3-5 repeticiones que se ejecuten rápidamente, puede pasar al siguiente paso del proceso. En este punto, la mancuerna debe estar en su mano todo el tiempo.

- Ahora, debe introducir la señal de liberación que va a utilizar. Presente la mancuerna al perro. Cuando la alcance y la coja, permítale hacerlo. A continuación, haga clic en el mando y repita la orden de liberación. Cuando la suelte, dele una golosina. Continúe haciendo esto varias veces hasta que el perro comience a hacer una pausa, aunque sea por un segundo, antes de escupirla. Esto significa que está escuchando la señal.

- Pulse el clicker para la pausa entre cada agarre y de nuevo para la liberación de la mancuerna. Siga utilizando la orden de soltar. A medida que avanza el tiempo, notará una pausa que se va haciendo más larga. Una vez que comience a prolongar su pausa, dele varias golosinas, especialmente para las pausas prolongadas. Recuerde que el clic identifica el comportamiento que desea enseñar. El clic para la pausa le enseña a hacerla. Hacer un clic de nuevo para la liberación y decir su señal de liberación es enseñar a soltar. A continuación, dé al perro golosinas por los clics.

- Si puede contar hasta un Mississippi entre cada pausa, entonces está listo para avanzar.

## ENTRENANDO AL PERRO PARA QUE SUELTE TU MANO

Estas sesiones deben ser cortas. También deben ser positivas y optimistas. Esta será una sesión frustrante tanto para el adiestrador como para el perro. El objetivo de esta sesión es entrenar al perro para que obtenga una recompensa, pero sólo si la mancuerna se coloca en las manos del adiestrador.

- Empiece ofreciendo la mancuerna al perro. Cuando la agarre, suelte la mancuerna, moviendo su mano por debajo de su barbilla. Esto es para que el perro pueda dejar caer la mancuerna en tu mano cuando la suelte. Haz clic en el clicker y dale una golosina cuando digas la orden de soltar. Si el perro suelta la mancuerna antes de la palabra de soltar, entonces quite su mano y deje que la mancuerna caiga al suelo. No haga clic con el mando y no le dé al perro una golosina. Simplemente mire al perro y encójase, recoja la mancuerna y ofrézcasela al perro de nuevo.

- Continúe este proceso 5-6 veces seguidas.

- Haga esta rutina una y otra vez. Sin embargo, no diga su palabra de liberación. En su lugar, debe esperar. Si el perro vuelve a dejar caer la mancuerna, encójase y no diga nada. Recójala y ofrézcasela al perro de nuevo. Esta vez, use la palabra de liberación y deje que la mancuerna caiga en su palma. A continuación, dé a su perro varias golosinas.

- Siga practicando estos pasos. Cada tres o cinco veces, utilice la palabra de liberación al azar. Sin embargo, no utilice la señal de liberación y permita que el perro la escupa. Encoja la caída y recoja la mancuerna de nuevo y ofrézcasela al perro. Permita que el perro la agarre y luego utilice la señal para soltarla, y deje que caiga en su palma. Dé un premio cuando lo haga correctamente.

- Observe si su perro de servicio psiquiátrico se aferra a la mancuerna durante más tiempo, como si esperara la señal de liberación. Entonces use la señal de liberación y permita que caiga correctamente, y entonces dé varias golosinas como recompensa.

- Continúe haciendo esto hasta que su perro de servicio psiquiátrico haya tenido éxito más veces de las que ha fallado. Incluya los fracasos intencionados para mostrar a su perro lo que no es apropiado y reforzar el comportamiento de esperar hasta la señal de liberación.

### Entrenamiento para una retención guiada

Sea muy amable durante esta fase del adiestramiento. Está utilizando la motivación para entrenar al perro a recuperar. No debe forzarlo.

- Haga que su perro se siente a su lado. Elija el lado opuesto de su mano dominante para la posición de su perro.

- Ofrezca la mancuerna al perro con su mano dominante. Una vez que sus dientes se cierren sobre ella, permita al perro y luego deslice su mano por debajo de la barbilla del perro.

- Acaricie el cuello del perro hacia arriba hasta la punta de su barbilla con su mano dominante. Haga esto durante uno o dos segundos y luego pare. A continuación, coloque la mano dominante debajo para coger la mancuerna, haciendo un clic para indicar al perro que la sujete. A continuación, utilizando la señal de liberación, permita que el perro la suelte y dele una golosina.

- Continúe este proceso mientras aumenta el tiempo que el perro sostiene en 1-2 segundos cada vez, pero sólo si el perro está sosteniendo la mancuerna con calma. Si el perro se resiste, intenta escupirla o se mueve, siga utilizando la técnica de las caricias suaves. Hágalo con suavidad y despacio. Sea paciente y constante con la sujeción. No se trata de una carrera.

- Continúe haciendo esto hasta que la sujeción llegue a los 30 segundos con una sujeción cómoda o tranquila mientras acaricia la barbilla suavemente.

## ENTRENANDO AL PERRO PARA QUE AGUANTE

- Comience este proceso como lo haría con la sujeción guiada. Ofrezca la mancuerna al perro y continúe acariciando suavemente bajo la barbilla una o dos veces. Retire la mano de la barbilla y, tras unos segundos, haga clic con el mando. Utilice la señal de liberación y dé al perro una golosina. Una vez que el perro se suelte, acaríciielo con calma. Si el perro no espera la señal para soltarse, simplemente encójalo, recójalo y vuelva a intentarlo.

- Repita este proceso 2 ó 3 veces más, y luego deténgase para acariciar la barbilla de su perro después de que haya cogido la mancuerna. Entréguesela a su perro, retire su mano y espere de 3 a 5 segundos. Utilice su clicker y luego indique que la suelte. Una vez que el perro la suelte, dele una golosina.

- Con el tiempo, siga aumentando gradualmente. Aumente uno o dos segundos de retención cada vez. Haga esto hasta que el perro pueda aguantar por lo menos 30 segundos hasta que reciba la señal de soltar sin ninguna guía de usted.

Si el perro falla continuamente en este punto, entonces tiene demasiadas distracciones o ha presionado al perro demasiado rápido. Vuelva al punto en el que el perro estaba teniendo éxito y avance desde ese punto. Siga siendo optimista al respecto y prepare a su perro para una sesión de adiestramiento satisfactoria. Si el perro sigue escupiendo la mancuerna, continúe con el encogimiento de hombros y guarde silencio. Recójala y ofrézcasela al perro de nuevo. Mantenga todas sus sesiones cortas y al grano para que el perro no pierda el interés y el entrenamiento formal del cobrador permanezca intacto.

## Entrenamiento para desensibilizar al tacto

En este punto, su perro está acostumbrado a la señal de liberación que ha elegido. El perro se siente cómodo soltando la mancuerna en la mano que lo espera. Recuerde que esto puede convertirse en un problema para aquellos perros que empiezan a asociar el tacto con la orden de soltar en lugar de con la señal de soltar. Si el adiestrador no está preparado para el objeto, esto se convierte en un problema. Para contrarrestar esto, tendrá que recordar que dar las recompensas inculcará el comportamiento que quiere entrenar al perro.

- Con su perro colocado frente a usted o a su lado, comience a insensibilizar al perro al tacto.

- Entregue la mancuerna a su perro, retire su mano y espere unos segundos.

- Alargue la mano para tocar suavemente el borde de la mancuerna. Si el perro la suelta, deje que se caiga. Encójase y recoja la mancuerna. A continuación, vuelva a ofrecerle la mancuerna en silencio. Refuerce su señal verbal de soltar la mancuerna unas cuantas veces, y luego continúe repitiendo este ligero toque de nuevo sin ninguna señal. Si su perro retiene la mancuerna, utilice inmediatamente el clicker y la señal de liberación, y luego dé al perro una recompensa.

- Entregue la mancuerna al perro y acaricie suavemente la cabeza o el hocico del perro. Utilice el clicker y luego dé la orden de liberación. Una vez que el perro se suelte, dele una golosina por la sujeción continuada e ignore por completo todas las gotas.

- Continúe trabajando con su perro hasta que éste espere la señal de liberación, incluso si usted ha enroscado sus dedos alrededor de la mancuerna. Acaricie la cabeza, el hocico y las orejas de su perro y toque la mancuerna para mostrar la conexión.

## Entrenamiento para probar el sostener

Una vez que el perro haya sujetado felizmente la mancuerna durante 30 segundos hasta que usted le indique que la suelte, entonces sabrá que ha entendido el adiestramiento. Esto significa que su perro entiende la orden de coger y sujetar. Ahora tiene que empezar la prueba.

## Juego de prueba: Huevos verdes con jamón

Pida al perro que la coja y la sostenga estando de pie o sentado frente a usted, así como en la posición del lado contrario o tumbado. A continuación, haga que el perro la mantenga en diferentes circunstancias. Por ejemplo, de pie en las escaleras, con usted subiendo o bajando unos escalones, o en el asiento delantero de su coche o en una perrera. Encuentre formas creativas de entrenar un comportamiento de sujeción generalizado. ¿Los huevos verdes y el jamón se encuentran en una caja? ¿En un coche? ¿En una casa? ¿Con un ratón? Averigüe en qué lugares continuará su perro el entrenamiento de coger y sujetar. Básicamente, encuentre los lugares más salvajes y locos en los que el perro continuará la norma de rendimiento.

## Prueba de movimiento y posiciones

- Ahora, introducirá algo de movimiento en el adiestramiento. Comience pidiendo al perro que cambie de posición mientras sostiene la mancuerna. Esto puede comenzar con un cambio de lado a lado o de estar sentado a estar de pie, de estar sentado a estar de pie, así como de estar de pie a estar de pie.

- Pida al perro que haga un cambio de posición y luego recompénselo ampliamente por su éxito. Consiga entre 3 y 5 cambios de posición repetidamente, y luego pida que lo suelte, pero hágalo de forma lenta y gradual.

- Si el perro empieza a soltar la mancuerna antes de que usted pida la señal, entonces le está exigiendo demasiado y demasiado rápido. Vuelva a un punto en el que el perro haya tenido éxito, y luego avance mucho más despacio.

- Una vez que el perro pueda cambiar de posición sin dejar caer la mancuerna, pídale que la lleve mientras se cura. Empiece con pasos pequeños y luego aumente los intervalos de 30 segundos para que se escore. Recompense al perro por el éxito y luego ignórelo si lo deja caer. A continuación, recoja la mancuerna en silencio y ofrézcasela de nuevo al perro.

- Trabaje en cambio en una distancia más corta para aumentar el nivel de confianza del perro, lo que a su vez le ayuda a tener éxito.

## Prueba de las 3 D

Ahora es cuando se inician las 3 Ds. Ha comenzado con la parte de la duración de las 3 Ds. La siguiente sección es la distancia.

- Comience por entregarle al perro la mancuerna, y luego dé un paso atrás. Haga una pausa y luego vuelva a su perro. Utilizando el clicker, haga clic y luego utilice la señal de liberación y ofrezca una golosina.

- Aumente la distancia un paso a la vez hasta que haya aclimatado a su perro para que se sienta cómodo sosteniendo la mancuerna y alejándose 10 pasos, girando y volviendo para soltar la mancuerna.

- Una vez que el perro se sienta cómodo con esto, aumente las distracciones que tiene añadiendo el factor público. Inténtelo en un parque. Pídale al perro que sostenga la mancuerna mientras usted le prepara una comida o mientras hace obediencia básica con un perro secundario.

- Intente ser creativo con las distracciones, pero mantenga su mente centrada en las 3 D.

- Manténgase a poca distancia de su perro y no espere una larga duración de la sujeción, especialmente cuando introduzca las distracciones. Sea generoso con las recompensas que le da al perro, y esto asegurará la voluntad del perro de tener éxito más de lo que falla. Si el perro deja caer la mancuerna más de lo que la sostiene, entonces reduzca las distracciones que están alrededor del perro y vuelva a un punto en el que el éxito fue mejor. Aumente gradualmente la dificultad y vuelva a intentarlo. Para reducir la distracción, aléjese del estímulo y acérquese poco a poco para calibrar la capacidad de ejecución del perro.

## ENTRENANDO LOS PASOS FINALES DE "SOSTENER"

En este punto, su perro está cogiendo, sujetando y llevando la mancuerna. Esta debería ser una acción viable en cualquier situación con su perro. Después de esto, usted tiene una navegación suave por delante.

Continúe probando la sujeción de todas las maneras que pueda soñar. Continúe con las 3 Ds y siga aumentando su distancia al alejarse del perro mientras está sujetando. Siempre recompense el trabajo bien hecho. Recuerde su señal para la liberación, y sólo haga clic cuando la señal de liberación sea utilizada, y la mancuerna sea devuelta a su mano después de una señal verbalizada sin un simple toque o agarre del manejador. Ahora, necesita combinar el entrenamiento de acarreo y distracción mientras construye la distancia. Sólo está limitado por la creatividad que utilice para entrenar al perro.

## Entrenamiento para recuperar un objeto especifico o diferentes objetos

Para entrenar a su perro para que recupere objetos añadidos, tendrá que introducir nuevos objetos y empezar por el principio. Su perro debería notar después de unos 3-5 artículos cómo recuperar cualquier objeto que usted le pida.

Hay varios kits que se pueden utilizar para sembrar y añadir artículos en el proceso de entrenamiento de recuperación.

- Botella de agua
- Botella de vidrio
- Tiras de vellón o tela
- Tazón de comida de metal
- Cuchara
- Llaves de repuesto en un anillo
- Correa
- Bolígrafo
- Sección de 12" de tubería de PCV/Metal

- Tarjeta de crédito/documento de identidad antiguo
- Papel grueso de cartulina
- Mancuerna grande
- Llavero
- Latas vacías
- Cuadros de cartón
- Billetera
- Chaleco
- Libro pequeño
- Frasco de medicina
- Teléfono

## Entrenamiento para cosas que necesitará utilizando el Kit de Siembra

Puedes hacer tu propio kit de siembra o comprar uno. Esto les enseña texturas y formas extrañas. Utilice hasta 20 objetos para entrenar a su perro con un kit de siembra.

## Entrenamiento asistido para recoger objetos

- Se trata de entrenar al perro para que recoja gradualmente las cosas desde una posición que a usted le resulte difícil. Así que, con el tiempo, acerque la mancuerna al suelo para que pueda entrenar al perro a recoger cosas desde el suelo.

- Comience en posición sentada, luego en posición de pie, inclinada, sentada en el suelo o arrodillada. Cualquier cosa que tenga que hacer para que el perro recoja desde todas las posiciones está bien. Si en algún momento su perro deja de recoger a la señal, entonces empiece de nuevo a la última altura en la que el perro tuvo éxito. Luego continúe avanzando con los pasos. Vaya despacio y con calma.

- Continúe el proceso que comenzó con sólo bajar la mancuerna o el artículo más cerca del suelo mientras continúa entrenándola para que la tome y la sostenga. Sostenga la mancuerna tan cómodamente como pueda mientras la sostiene. Repita el proceso.

- Arrodíllese y continúe con este proceso hasta que el perro tenga este proceso para cada nivel de recuperación. Después de repetirlo un par de veces, deje caer la mancuerna a mitad de la pierna y vuelva a repetir el proceso.

- Repita este proceso para cada nivel de recuperación. Continúe entrenando al perro en la orden de coger y mantener hasta que haya llegado al suelo. Mientras entrena al perro para que la recupere del suelo, retire suavemente su mano poco a poco de la mancuerna. De este modo, el perro recuperará la mancuerna del suelo sin que su mano esté sobre ella. Empiece usando toda la mano, luego la palma, luego los dedos, luego algunos dedos, luego un dedo y así sucesivamente.
- Por último, coloca la mancuerna en el suelo y acerca tu mano a ella. A continuación, repita los pasos como antes hasta que el perro haya asimilado el concepto.

## Entrenamiento para darle forma a "recoger"

- En lugar de sujetar la mancuerna, colóquela a cierta distancia de usted. Siéntese en una silla y comience la sesión de entrenamiento con el perro. En lugar de hablarle al perro, mire la mancuerna de vez en cuando. Cuando el perro empiece a mirar la mancuerna, haga clic con el mando y ofrezca una golosina en el momento en que el perro mire o baje la cabeza hacia la mancuerna.

- Siga formando la intuición del perro para que coja la mancuerna con una simple mirada. Pulse el clicker y dé una golosina a los movimientos del perro que sean apropiados. Esto puede ser cualquier cosa, desde empujones, olfateos, o el hecho de que el perro se lleve la mancuerna a la boca.

- Manténgase en silencio y no utilice órdenes o señales para ayudar. El perro debe buscar la respuesta correcta a través de un rompecabezas.

- Si el perro la recoge, utilice inmediatamente el clicker para hacer clic y dele muchas golosinas. Si lo coge del suelo sin ayuda, haga lo mismo. Si lo coge y lo mira con la cabeza levantada, repita el clicker y la recompensa.

- Repita este entrenamiento hasta que coloque o lance la mancuerna a una distancia de usted, y el perro vaya hacia ella, la recoja y luego espere la señal para soltarla.

- Repita estos pasos de pie, tumbado o en cualquier otra posición en la que necesite que recupere algo para usted.

- Una vez que el perro haya aprendido esto, comience a utilizar variables y repita estos pasos.

## Entrenamiento para probar recoger objetos

- Cuando esté de pie a una distancia del objeto, pida al perro que lo recupere con la señal de cogerlo. Si el perro responde correctamente, haga clic y recompense al perro.

- Repita esto una y otra vez hasta que el perro lo haga con precisión hasta 10 veces sin ninguna ayuda, repetición o vacilación. Si esto sucede, entonces pase a otro objeto.

- Vuelva al juego de prueba Huevos verdes y jamón, y entrene al perro para cada objeto que necesite que recupere. Recuerde las 3 Ds, y tenga en cuenta que sólo entrena uno a la vez.

- Esto es una recuperación formal de principio a fin. Celebre y recompense por ello.

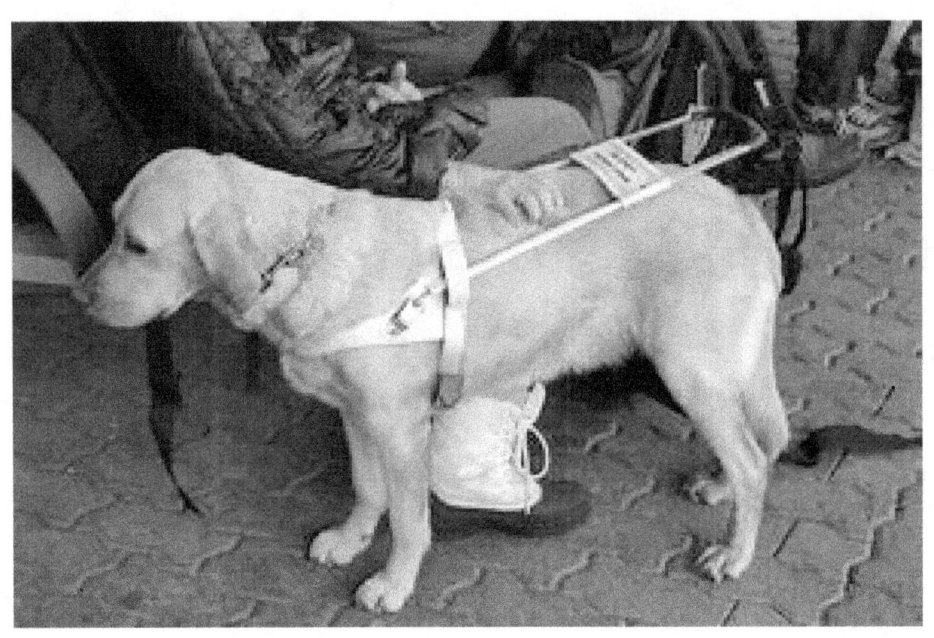

## Entrenamiento para introducir objetos nuevos

- Comience con objetos que tengan una forma similar a la de la mancuerna y vaya cambiando a medida que el perro vaya aprendiendo. Empiece con los objetos más grandes y continúe con los más pequeños. Siga estos pasos para conseguirlo unas 5 veces hasta que el perro coja los objetos adicionales con facilidad. Deje que su perro establezca su propio ritmo, y si salta a una recogida inmediata, mantener y soltar con la señal, entonces tiene el proceso bajo control.

- Empiece con una recuperación formal y luego añada los objetos adicionales. Permita que el perro lo huela y explore un poco, asegurándose de repetir el proceso del clicker con estos objetos. Empiece desde el principio del proceso de entrenamiento de recuperación para cada artículo. Haga clic y dé golosinas según sea necesario. Aumente el tiempo de retención y la distancia hasta que el perro recupere estas veces por sí mismo.

- Juegue al juego de prueba Huevos verdes y jamón y continúe entrenando al perro.

## Entrenamiento para propiciar la recuperación

- Coloque dos o tres objetos, siendo uno de ellos la mancuerna en forma de triángulo. Deje suficiente espacio entre ellos para que su perro pueda rodearlos fácilmente. No obstante, deben estar cerca unos de otros. Agrupe estos objetos para que el perro no dude de que están relacionados.

- Acérquese al triángulo con el perro a su lado y simplemente diga la señal de coger y señale hacia los objetos. No especifique ningún elemento; simplemente permita que seleccione y coja el objeto que desee. Deje que el perro lo coja y luego utilice la orden de soltar. Dé al perro una golosina por sus acciones. A continuación, repita estos pasos. Siga añadiendo objetos al rompecabezas hasta que haya presentado todos los objetos al perro de servicio psiquiátrico. Asegúrese de que el perro se sienta completamente cómodo con estos objetos. Repita el proceso hasta que el perro se sienta seguro con el rompecabezas de hasta 15 elementos o más. En este momento, comience el Juego de Prueba Huevos Verdes y Jamón y trabaje en sus 3 Ds.

## Perros de Servicio Psiquiátrico para Ansiedad

La ansiedad es una condición severa que muchas personas sufren. Con un perro de servicio psiquiátrico, la persona que sufre de ansiedad puede comenzar a vivir una vida mejor. Este trastorno genera ataques de pánico, desasosiego, comportamientos compulsivos y demás. Se puede entrenar al perro para que haga varias tareas para la ansiedad.

Los perros suelen tener vínculos estrechos con sus cuidadores y pueden ser entrenados para identificar los ataques de pánico. Este sería un entrenamiento de estilo de respuesta individual. He enumerado a continuación algunos pasos a seguir para hacer esto con su perro de servicio psiquiátrico.

## Entrenamiento de Respuesta Individual

Comience con un perro que haya tenido un entrenamiento básico de obediencia y luego incorpore los pasos de entrenamiento para que su perro reconozca un ataque de ansiedad o pánico.

Comience ofreciendo una golosina a su perro cada vez que sienta que se aproxima un ataque de pánico. Esta es una forma útil de que el perro identifique la respuesta y sepa cuándo se avecina un ataque de pánico. Otra técnica que puede utilizar es abrazar al animal cuando sienta que el estrés está llegando. Esto le ayudará a encontrar alivio y a que el animal identifique las señales. Encontrar la raza adecuada va a ser importante para entrenar a un perro para que se conecte a este nivel.

Recuerde que debe ser paciente con el adiestramiento. El adiestramiento de un perro para el acceso al público es importante, y esto puede llevar hasta 120 horas en un periodo de 6 meses. Empiece por identificar qué tarea deberá realizar el perro. Tiene que identificar su ritmo cardíaco, los movimientos musculares, los arañazos o toques en la cara y otros puntos desencadenantes, así como la frecuencia respiratoria. ¿Quiere que su perro le guíe? ¿Quiere que busque la medicación? ¿Quiere que el perro le proporcione seguridad? Sea lo que sea lo que necesite que haga su perro, asegúrese de entrenarlo para esas tareas específicas.

# Entrenamiento para Alertar Ansiedad

Con este adiestramiento, comenzará con los mismos pasos que con el adiestramiento anterior. Sin embargo, le enseñará a detectar las alertas de ansiedad.

- Alerta de Ansiedad con Golosinas
- Acaricie la nariz del perro y recompénselo por el codazo.
- Ordene al perro que dé un codazo y luego añada una recompensa por sus acciones.
- Repita este proceso hasta que el perro haya notado el codazo.
- Cambie de posición para entrenar al perro a realizar la alerta en varios lugares y en posiciones sentadas o de pie. Premie al perro por cada respuesta positiva.
- Decida qué señal de ansiedad va a utilizar para ayudar a identificar la ansiedad. Puede ser el rascado de la cara o la inquietud, así como el frotamiento de los brazos.

- Proporcione la señal de ansiedad y actúe como si el síntoma de ansiedad fuera real. A continuación, ordene al perro que le dé un codazo y recompense por una respuesta positiva.

- Practique esto una y otra vez, de la misma manera que lo haría con el proceso de recuperación. Empiece a reconocer cuando su perro identifique la señal de ansiedad sin la orden. Premie la identificación en lugar de la orden. Ignore las falsas alertas y desactívelas. Repita este proceso varias veces al día durante varias semanas.

- A medida que avance el tiempo y el perro aprenda el desencadenante, elimine la orden por completo. Manifieste un episodio de ansiedad y omita la señal de mando. Premie a su perro cuando responda adecuadamente.

- Practique en diversos lugares y posiciones, y siga trabajando con su perro hasta que se identifique con regularidad.

# Método de Ansiedad y Recompensa para Detectar la Ansiedad

- Identifique la señal de ansiedad que desea utilizar. Puede tratarse de moverse, rascarse o cualquier otra respuesta activa.

- Utilice la señal delante de su perro. Cuando el perro reconozca la señal, recompénselo dándole una golosina.

- Entrene al perro para que le dé un codazo y utilice una señal verbal para la orden.

- Muéstrele al perro la señal de ansiedad y utilice la orden verbal para la alerta. Cuando el perro empiece a reconocer la orden y la señal, prémielo con una golosina. Cuando el perro haga la señal mientras usted experimenta los síntomas, recompénselo. Ignore las falsas alertas que pueda hacer el perro. Utilice el mismo proceso de adiestramiento y el entrenamiento de recuperación.

- Retire la orden y practique utilizando sólo las señales físicas en lugar de las verbales. Cuando el perro se alerte ante los síntomas de ansiedad, proporciónele una recompensa por una respuesta adecuada.

- Añada un tiempo de práctica complejo añadiendo una variedad de circunstancias que puedan utilizarse en diferentes entornos con muchas distracciones para entrenar la alerta de ansiedad.

## Entrenamiento con Cliquer para Detectar la Ansiedad

- Averigüe la alerta que desea utilizar y conéctela al codazo. Si el perro le da un codazo en la mano, haga clic en el clicker y dele una golosina.

- Utilizando una orden verbal asociada a la ansiedad, cuando el perro responda a la orden, dé un codazo en la mano y haga clic en el clicker cuando el perro responda correctamente. Dé al perro una golosina.

- Manifieste algunos síntomas de ansiedad y utilice las señales verbales y físicas para obtener la respuesta del perro con un codazo. A continuación, una vez que el perro se alerte con un codazo, haga clic en el clicker y proporcione una golosina.

- Retire la orden verbal y manifieste los síntomas de ansiedad. A continuación, continúe haciendo clic en el mando para mostrar al perro que hubo una respuesta positiva y proporcione una golosina.

- Retire el clicker de la orden de alerta y utilice la señal del síntoma de ansiedad para manifestar la ansiedad. Cuando el perro responda correctamente, dele una recompensa por responder a la señal.

- Varíe la práctica en muchos lugares distintos, utilice distracciones y varias posiciones, como sentado, de pie y tumbado. Siga utilizando el paso 3 si el perro tiene dificultades con este proceso.

## Para una Persona con Esquizofrenia

- Encender las luces para una persona con esquizofrenia puede ser una ayuda inmensa, especialmente cuando está experimentando un episodio. Cuando los esquizofrénicos experimentan episodios, pueden tener miedo a la oscuridad porque verán cosas que no existen, o experimentarán voces, y si no tienen las luces encendidas, pensarán que esas voces son reales.

- Comience por situarse junto a un interruptor de la luz que desee que el perro alcance. Llame a su perro y colóquelo en posición sentada.

- Extienda una golosina en la pared a unos dos centímetros por encima del interruptor. Golpee la zona unas cuantas veces y atraiga al perro para que salte y empuje el interruptor con sus patas delanteras, justo al lado del interruptor. Si el perro lo consigue, dele una golosina y elógielo.

- Repita estos pasos unas cuantas veces más hasta que crea que el perro se ha dado cuenta del proceso de saltar y tocar la pared con sus patas. Golpee el interruptor de la luz con la mano mientras sostiene la golosina en la mano cerrada. La mano cerrada debe colocarse encima del interruptor. Utilice la orden que haya elegido para encender o apagar la luz. Cuando la pata del perro haya tocado el interruptor de la luz, dele una golosina y elógielo. Se trata de una transición para que el perro se acostumbre a tocar la luz para recibir el premio.

- Una vez que consiga que el perro toque sistemáticamente la luz cuando usted coloque su mano allí, podrá colocar su mano en su lado y conseguir que el perro siga tocando la luz. Empiece por tocar el interruptor y recompensar la acción cuando el perro haya terminado y se haya sentado de nuevo.

- A continuación, tendrá que alejarse gradualmente del interruptor de la luz y utilizar una orden o un movimiento para conseguir que el perro utilice la acción de conseguir las luces para usted.

- Esto sólo se puede utilizar para los perros que tienen un tamaño medio o moderado y que se sienten cómodos cuando se equilibran sobre sus patas traseras. Sin embargo, algunos de los perros más pequeños están ansiosos por saltar y apagar o encender las luces. Sin embargo, es posible que desee comprar una escalera para los perros de razas más pequeñas, ya que podrían hacerse daño al saltar alto.

Los esquizofrénicos tienen episodios en los que ven o escuchan cosas que no existen. He aquí una técnica para entrenar al perro y ayudarle con estos episodios.

## Señal de trastorno disociativo con golosinas

- Acaricie la nariz del perro y recompénselo por el empujón.
- Ordene al perro que dé un codazo y luego añada una recompensa por las acciones del perro.
- Repita este proceso hasta que el perro haya notado el codazo.
- Cambie de posición para entrenar al perro a realizar la alerta en varios lugares y en posiciones sentadas o de pie. Premie cada respuesta positiva.
- Decida qué señal de ansiedad va a utilizar para ayudar a identificar el trastorno disocial. Puede ser rascarse la cara o estar inquieto, así como frotarse los brazos.

- Proporcione la señal del trastorno disociativo y actúe como si el síntoma del trastorno disociativo fuera real. A continuación, ordene al perro que le dé un codazo y recompense por una respuesta positiva.

- Practique esto una y otra vez de la misma manera que lo haría con el proceso de recuperación. Entonces empiece a reconocer cuando su perro identifica la señal del trastorno disociativo sin la orden. Premie la identificación en lugar de la orden. Ignore las falsas alertas y desactívelas. Repita este proceso varias veces al día durante varias semanas.

- A medida que avance el tiempo y el perro aprenda el desencadenante, elimine la orden por completo. Manifieste un episodio de trastorno disociativo y omita la señal de mando. Premie a su perro cuando responda adecuadamente.

- Practique en varios lugares y posiciones, y siga trabajando con su perro hasta que se identifique con regularidad.

El trastorno disociativo es cuando un esquizofrénico se disocia del mundo que le rodea y empieza a ver y oír cosas que no existen. Esto también puede permitirles manifestar múltiples personalidades así como tener momentos en su vida en los que están hablando con otras personas que nadie más ve. Estos episodios pueden hacer que vean extraterrestres, bichos, personas, perros, monstruos y también que escuchen sonidos que otros no pueden. En esos momentos, pueden volverse violentos, rabiosos, agresivos e incluso se sabe que han asesinado a sus familias e incluso a sus propios hijos. Muchas veces, esta condición necesita ser hospitalizada.

En el próximo capítulo, continuaré discutiendo las técnicas de entrenamiento que pueden ser usadas para entrenar a un Perro de Servicio Psiquiátrico para varias tareas. En este capítulo, he hablado de la ansiedad, la depresión y la esquizofrenia. En el próximo capítulo, hablaré del autismo, el TOD, el DEI y también del TEPT.

Cada una de las técnicas que se discuten en los dos últimos capítulos puede ser incorporada para cada una de estas condiciones. Sólo depende de lo que necesites de tu Perro de Servicio Psiquiátrico.

# CAPÍTULO 9
## *GUÍA PASO A PASO PARA ENTRENAR A UN PERRO DE ASISTENCIA PSIQUIÁTRICA*

### Para Autismo/ODD/ IED

El autismo es un mundo en el que la persona que lo padece va a vivir, y es prácticamente impenetrable. Quienes padecen autismo no saben conectar con las emociones ni leer las señales sociales. Tienen comportamientos obsesivos, y esto puede suponer una tensión para su familia. Tienden a participar en comportamientos de tipo ritual que pueden ser repetitivos. A veces pueden durar horas. Suelen agitar los brazos, hacer girar monedas, alinear coches o filtrar cosas con los dedos. En el extremo opuesto, puede que no les guste que les toquen o que requieran una sobreestimulación con el tacto. Suelen tener niveles más altos de receptores sensoriales, y éstos pueden provocar sobrecargas. Se sienten abrumados y tienen crisis sin poder comunicar el problema. Puede ser difícil saber cómo responder. Sin embargo, un perro de servicio psiquiátrico normalmente puede ayudarles a calmarse y prevenir más daños cuando están enfurecidos ya que no tienen muchos niveles de comunicación verbal. Incluso los que pueden comunicarse aún no tienen la capacidad de explicar sus emociones o lo que les pasa en esos momentos de agobio. Los ruidos fuertes, así como las luces, pueden ser abrumadores para un niño autista, lo que puede provocar una crisis.

## Intervención en el Comportamiento

Hay varias formas de ayudar con el autismo, y la intervención conductual es una de ellas. Una forma de intervenir en la conducta es utilizar una técnica para interrumpir las conductas repetitivas.

## Interrumpiendo Comportamientos Repetitivos

Al entrenar a un perro para que aplique presión en el brazo del niño durante un breve tramo, se puede ayudar a interrumpir los comportamientos. El perro de servicio psiquiátrico puede ser entrenado para detener específicamente estos comportamientos. Pueden utilizar una orden de voz o una señal física como indicación. Entrenar al perro por acción es bastante sencillo.

Anteriormente, discutimos el entrenamiento de un perro para recuperar objetos y luego discutimos el uso de señales de ansiedad para alertar a un perro de los ataques de ansiedad. Esto no es diferente. En esta situación, puede utilizar un desencadenante, como el aleteo y los saltos del niño, para que el perro coloque una pata sobre el niño. Esto funciona de la misma manera que antes.

# Entrenamiento con Cliquer para Interrumpir Comportamientos en Pacientes con Autismo

- Utilizando la alerta de salto y aleteo, conéctela con el codazo del perro. Si el perro le da un codazo en la mano, haga clic en el mando y dele una golosina.

- Utilizando una orden verbal asociada a los saltos y aleteos, deje que el perro responda a la orden y luego dé un codazo en la mano. A continuación, pulse el mando cuando el perro responda correctamente. Dé al perro una golosina.

- Manifiesta algunos síntomas de saltos y aleteos con el niño autista y utiliza las señales de órdenes verbales para que el perro responda con un empujón. A continuación, una vez que el perro avise con un codazo, haga clic con el mando y dé una golosina.

- Retire la orden verbal y utilice el síntoma de salto y aleteo manifestado para que el perro identifique el desencadenante. A continuación, continúe haciendo clic con el mando para mostrar al perro que hubo una respuesta positiva, y luego proporcione una golosina.

- Retire el clicker del comando de alerta y utilice la señal para el desencadenante del autismo de salto y aleteo para manifestar el episodio. Cuando el perro responda correctamente, dele una recompensa por haber respondido a la señal.
- Varíe la práctica en muchos lugares distintos, utilice distracciones y varias posiciones como sentado, de pie y tumbado. Siga utilizando el paso 3 si el perro tiene problemas con este proceso.

Esto puede ser modificado para ser usado para muchos disparadores diferentes, como una palabra repetitiva que es usada por el paciente o golpear su cabeza repetidamente. De cualquier manera, el uso de la modificación de los comportamientos en esta técnica funcionará increíblemente. Dado que los perros de servicio psiquiátrico son entrenados muy extensamente, la gente suele pensar que el perro es capaz de juzgar todas las situaciones. Sin embargo, no son capaces de ser analíticos y utilizar el razonamiento. Por lo tanto, esperar que protejan a su hijo de una situación peligrosa es algo que hay que enseñarles. Dado que el vínculo entre el niño y el perro es fuerte, se darán cuenta de las señales que ayudarán a mantener al niño bastante seguro y a redirigirlo de forma positiva hacia otro comportamiento.

## CALMAR Y PREVENIR LAS CRISIS NERVIOSAS

Otra tarea que un perro de servicio psiquiátrico puede hacer por un niño autista es ayudarlo a calmarse o prevenir una crisis. Pueden ser entrenados para ayudar en las crisis aplicando presión. En estas situaciones, se le puede pedir al perro que ejerza una presión profunda al ser entrenado para acostarse sobre el niño de manera reconfortante. En el caso de que el niño esté llorando, el perro sería capaz de reconocer el sonido y acurrucarse con el niño para ayudar a calmarlo. A menudo, el perro de servicio psiquiátrico evitará o reducirá la duración de la crisis. Esto se puede hacer aplicando los mismos pasos anteriores, excepto que cambiando el desencadenante y la respuesta a uno diferente.

A continuación se muestra un desglose de cómo funciona esto. Recuerde, cuando entrene a su perro de servicio psiquiátrico, que el condicionamiento es el método con el que usted puede entrenarlo. Si sienten que están obteniendo un resultado positivo, estarán más que felices de ayudarte con los servicios que les estás enseñando. Los perros necesitan un refuerzo positivo y prosperan con un sistema de recompensas. Aprenderán más fácilmente y estarán más dispuestos a ayudarle, sobre todo porque les gusta la gente.

## Método de adiestramiento con clicker para detectar el llanto de un niño

- Identifique que el niño está llorando y conéctelo con el codazo. Si el perro le da un codazo en la mano, haga clic en el clicker y dele una golosina.

- Utilizando una orden verbal asociada a un niño que llora, enseñe al perro a responder a la orden dando un codazo en la mano y haga clic en el clicker cuando el perro responda correctamente. Dé al perro una golosina.

- Manifiesta alguna situación del niño que llora y utiliza la señal verbal junto con la señal física para que el perro responda con un codazo. A continuación, una vez que el perro alerte con un codazo, haga clic en el clicker y proporcione una golosina.

- Retire la orden verbal y manifieste los síntomas del llanto del niño. Una vez que el perro le dé un codazo al niño, siga haciendo clic con el mando y dándole una golosina. Esto muestra al perro que hubo una respuesta positiva.

- Retire el clicker y utilice la señal del niño que llora para alertar al perro sobre el niño. Cuando el perro responda correctamente, dele una recompensa por haber respondido a la señal.

- Varíe la práctica en muchos lugares distintos. Utilice distracciones y varias posiciones, como sentado, de pie o tumbado. Siga utilizando el paso 3 si el perro tiene dificultades con este proceso.

- Una vez que el perro haya respondido continuamente con el mismo proceso, cambie el empujón por una aplicación de presión profunda y continúe entrenando al perro para este servicio.

Esta tarea se ajustará a las necesidades definidas por la Ley de Animales de Servicio y se permitirá en un edificio público. Esto proporcionaría cantidades extendidas de servicio del perro mientras el niño está en situaciones abrumadoras.

# Entrenando a un Perro para que te Encuentre

Juegue al escondite con su perro. Ésta es la forma más fácil de que su perro aprenda a encontrarle. Por ejemplo, si tiene un niño autista y quiere que el perro sea capaz de localizarlo, entrénelo para que lo encuentre. Los niños autistas tienden a alejarse con frecuencia. Puede ayudar a su hijo a ser encontrado rápidamente cuando se pierda si ha entrenado al perro para que lo localice

- Para ello, esconde al niño detrás de un árbol o una pared y pídele al perro que lo localice.
- No permita que haga ruidos, ya que el perro tiene que aprender a identificar por su olor.
- Una vez que el perro se dé cuenta de que el niño ha desaparecido, empezará a buscarlo por su cuenta. Algunos perros pueden necesitar más tiempo que otros para reconocer que el niño se ha ido, y otros pueden ponerse primero ansiosos antes de buscar al niño, especialmente si el niño y el perro han establecido un vínculo.

- Esto desencadenará la necesidad natural del perro de encontrar al niño.

- Una vez que el perro empiece a buscar al niño, puede hacer algunos pequeños ruidos que le ayuden a buscar. Dado que nadie está completamente callado cuando está en el bosque o perdido en la casa o el vecindario, esto ayudará a localizar al niño más rápidamente.

- Una vez que el perro encuentre al niño, elógielo por su excelente trabajo y dele un premio.

- Al utilizar este método, está entrenando al perro para que sepa que su trabajo es localizar al niño cuando se aleja. Los niños tienden a perderse a menudo debido a su curiosidad natural. Sin embargo, los niños autistas se perderán por sobreestimulación o incluso por el simple hecho de que son propensos a escaparse.

Si los entrena con una correa para esta tarea, entonces la correa está ayudando con la situación de entrenamiento al acelerar las cosas porque su perro se dará cuenta de que el niño se ha ido por la reducción de la presión en la correa.

El uso de un patio trasero vallado puede proporcionar un área más segura para trabajar, mientras que mantener el perro en un área que está confinado. Esto también ayudará con el niño que es propenso a vagar fuera. Esto es efectivo tanto para el niño como para el perro si no están entrenados para quedarse con usted. Entrenar a su perro para que le preste atención es parte del entrenamiento básico de obediencia que ya le ha proporcionado a su perro.

Si su perro tiene problemas para encontrar al niño al principio, utilice algunos sonidos o ruidos para llamar su atención sobre el niño y excitarlo de forma que se anime a buscarlo. Una vez que encuentre al niño, elogie al perro por haber hecho un trabajo excelente. Hacer que las lecciones sean emocionantes y divertidas ayuda a mantener a un perro lento más interesado en aprender más rápido y en ser bueno en la búsqueda del niño.

Después de jugar a este juego del escondite un par de veces al día, el perro debería captar la idea. En este momento, usted puede estar en silencio y dar al perro la oportunidad de darse cuenta de que no ha hecho ningún sonido para llamar al perro a usted. Esto les incitará a empezar a deambular y a buscarte. Estarán interesados en saber qué estás haciendo y dónde estás.

Asegúrese de elogiarlos con algunas golosinas o caricias, y diga siempre "buen chico". Anímelos con el juego y permítales que aprendan a buscar al niño para que puedan desarrollar un sentido de conectividad con él y encontrarlo en momentos de necesidad.

Jugar en casa es otra forma de realizar esta tarea. Cada vez que el niño quiera jugar con el perro, puede esconderse dentro de la casa. Esto hará que el perro busque al niño. Si el niño hace ruidos, el perro se pondrá en alerta y estará atento. Entonces, irá a buscar al niño y cuando lo encuentre. El niño puede darle una golosina. Esto lo convierte en un juego tanto para el niño como para el perro. Siga elogiando al perro cada vez que localice al niño. Después de un tiempo, puede dejar de utilizar los ruidos para llamar la atención del perro y, en su lugar, esperar a que lo reconozca y empiece a buscar.

También puede hacer esto de otra manera divertida permitiendo que el niño se aleje del perro y, de repente, creando una preocupación por el perro. Al llamar al niño como si se hubiera ido, el perro empezará a buscarlo. Esto hará que busque al niño mucho más rápido. Aunque lo haga parecer un juego, sentirán la necesidad de buscar. Al convertirlo en un juego, el perro está aprendiendo y el niño no está en peligro. Si lo desea, puede lanzar uno de los juguetes para que el perro vaya a buscarlo y luego hacer que el niño se esconda mientras el perro busca el juguete. El perro irá a recoger el juguete y volverá a buscar al niño. Esto hará que el perro vaya a buscar al niño.

También puede utilizar un curso de rastreo para hacer desaparecer al niño. Los perros del AKC suelen someterse a pruebas de este tipo para obtener títulos de rastreo. Esto es a menudo una habilidad aprendida que se enseña a los perros que rastrean a sus manejadores primero, o puede ser utilizado como una práctica para aprender a seguir un curso de obstáculos.

Usted mismo debe hacer el rastro o recorrido para que el perro huela su olor en el recorrido. Después, el niño puede recorrer el rastro dejando su olor detrás. Esto les ayuda a hacer un mapa del recorrido para que el perro lo recorra buscando al niño.

También se puede utilizar la ropa para rastrear el olor de un niño autista, de modo que si se pierde, el perro pueda encontrarlo. Una forma de hacerlo es dejar que el perro vea que el niño se aleja, pero utilizar una camiseta para dar al perro el olor y dejar que el perro rastree al niño. Esto debe hacerse con una camisa recién puesta y que haya sido tocada por el niño recientemente.

Al guiar al niño en la carrera de obstáculos, puede dejar caer piezas de ropa de ese niño para que el perro pueda rastrearlo a través del olor. Camine lentamente en línea recta durante 30 pasos y, a continuación, coloque otra prenda de ropa que el perro pueda olfatear y proporcione golosinas para recompensar a su perro. Utilice los zapatos del niño para recorrer el camino mientras camina de nuevo durante 20 o 30 pasos y, a continuación, deje otro artículo perfumado, como un juguete o una camisa. Asegúrese de dar al perro golosinas a medida que siga rastreando.

Al permitir que su perro aprenda a rastrear a su hijo autista, también está enseñando al perro a evitar que el niño se aleje. Dado que los niños autistas tienden a vagar con frecuencia, esto puede ser un gran problema para los padres y puede ser muy abrumador para el niño también cuando se encuentran perdidos en lugares extraños.

Guiar a su perro desde un punto de partida con ropa que huela como el niño les ayudará a identificar el paradero del niño y a ganar ventaja para la próxima vez que desaparezca. Sin embargo, esto no es sólo para los niños. Varios adultos tienen un autismo severo que les hará salir de la misma manera. Al convertir en un patrón la caza del individuo autista, el perro buscará continuamente a ese individuo y se asegurará de que si no lo ve, comience a cazarlo para protegerlo.

Anime siempre al perro de servicio psiquiátrico a seguir adelante con la búsqueda permitiéndole iniciar el paseo en la misma dirección en la que se encuentra el siguiente objeto perfumado. Esto le permite simplemente decirle al perro que lo encuentre, y se dirigirá en la dirección correcta desde el principio. Irá y encontrará el rastro de ropa perfumada fácilmente y sin problemas. A continuación, debe seguir dándole elogios y golosinas, y esto le animará a seguir buscando. Con el tiempo, el perro lo hará como si fuera algo natural, y podrá eliminar los refuerzos necesarios para que se entusiasme al hacerlo.

Después de haber hecho esto unas cuantas veces más, podrá indicar al perro la dirección correcta sin tener que preocuparse demasiado de si el perro encontrará al niño o no, ya que la ropa del niño está perfumada, y su perro seguirá automáticamente el olor del niño o del adulto que ha desaparecido. Dejar un rastro por cada prenda perfumada ayuda a conectar el olfato del perro con la persona que necesita rastrear y le ayuda a localizar los lugares en los que ha estado. Así es exactamente como la policía entrena a sus perros para localizar a los presos que se han fugado.

## Trastorno obsesivo-compulsivo: Alerta con Golosinas

- Acaricie la nariz del perro y recompénselo por el empujón.
- Ordene al perro que dé un codazo y luego añada una recompensa por sus acciones.
- Repita este proceso hasta que el perro haya notado el codazo.
- Cambie de posición para entrenar al perro a realizar la alerta en varios lugares y en posiciones sentadas o de pie. Premie al perro por cada respuesta positiva.

- Decida qué señal de conducta del trastorno obsesivo-compulsivo va a utilizar para ayudar a identificar la conducta del trastorno obsesivo-compulsivo. Esto puede ser rascarse la cara o estar inquieto, así como frotarse los brazos.

- Proporcione la señal de ansiedad y actúe como si el síntoma del trastorno obsesivo-compulsivo fuera real. A continuación, ordene al perro que le dé un codazo y recompense por una respuesta positiva.

- Practique esto una y otra vez de la misma manera que lo haría con el proceso de recuperación. A continuación, empiece a reconocer cuando su perro identifique la señal del Trastorno Obsesivo-Compulsivo sin la orden. Premie la identificación en lugar de la orden. Ignore las falsas alertas y desactívelas. Repita este proceso varias veces al día durante varias semanas.

- A medida que avance el tiempo y el perro aprenda el desencadenante, elimine la orden por completo. Manifieste un episodio de conducta de trastorno obsesivo-compulsivo y omita la señal de mando. Premie a su perro cuando responda adecuadamente.

- Practique en una variedad de lugares y posiciones, y continúe trabajando con su perro hasta que se identifique regularmente.

<u>Te gusta lo que estás leyendo? ¿Quieres escucharlo en forma de audiolibro? ¡Haz clic aquí para obtener este libro de forma gratuita al unirse a Audible!</u>

https://adbl.co/2YqyNOh

## Para PTSD

El adiestramiento para el perro de servicio psiquiátrico puede desglosarse en 13 pasos sin esfuerzo a la hora de aplicar una presión profunda para una persona que padece TEPT. El TEPT es un trastorno debilitante que impide a quien lo padece experimentar la vida y todo lo que tiene que ofrecer. El TEPT se manifiesta de muchas maneras diferentes y puede provenir de muchas situaciones diferentes en la vida. A menudo, el TEPT puede provenir del trauma que se experimenta durante la guerra o de experiencias en la vida, como accidentes de coche, agresiones sexuales, abusos y muchas otras cosas.

Los pacientes con TEPT tienen varias necesidades únicas que pueden ser satisfechas por un perro de servicio psiquiátrico. Estos pueden incluir:

- Ayudar a bloquear a la persona en zonas concurridas
- Interrumpir comportamientos destructivos
- Calmar al manejador usando terapia de presión profunda
- Proporcionar tareas de mejora de la seguridad (como la búsqueda en la habitación)
- Recuperar medicamentos
- Presión profunda

Estos 13 pasos sin esfuerzo pueden significar la diferencia entre vivir felizmente y sufrir con miedo cada día mientras está atrapado en su casa.

## Técnica de Presión Profunda

- Proporcione algunas golosinas deliciosas a su perro. Siéntese en el sofá y empiece a entrenar a su perro para que le preste el servicio que usted necesita. Poniendo una golosina delante de la nariz del perro, puede mover lentamente la golosina hacia la parte trasera del sofá. Una vez allí, palmee el respaldo del sofá y repita el nombre de su perro con emoción.

- Una vez que el perro coloque sus patas delanteras en el sofá, diga "¡Arriba, bien!" y recompense al perro con su golosina favorita.

- Si el perro es de tamaño mediano, deberá tener las cuatro patas en el sofá antes de repetir la orden "arriba". Una vez que esté en el sofá, enséñele a tumbarse.

- Si el perro no pone las patas arriba al principio, tendrá que trabajar por etapas y recompensar las acciones que lo acerquen al resultado final. Por ejemplo, cuando el perro coloque la cabeza en el sofá, coloque una pata en el sofá y, finalmente, coloque todas las patas en el sofá. Cada vez, siga dando una golosina al perro hasta obtener el resultado que necesita. Esto hace que el perro haga un poco más cada vez. Al final, el perro tendrá todas las patas en el sofá.

- Siga practicando esta acción hasta que la orden "arriba" obtenga el resultado que busca. A continuación, continúe hasta que el perro lo haga sin necesidad de persuasión.

- Una vez que el perro se haya levantado, utilice la orden "¡Bien, bien!" para que el perro se levante del sofá. A continuación, proceda a elogiar al perro. Si utiliza esto cada vez que se le diga al perro que se levante del sofá, lo aprenderá por repetición.

- A continuación, túmbese en el sofá y utilice su mano y dé una palmada en el regazo o en el pecho para llamar al perro a levantarse. Diga: "¡arriba!". En este momento, el perro puede sorprenderse o preocuparse por subirse a usted. Es una reacción normal. Dele una golosina por cualquier cosa que sea un paso positivo hacia el resultado final. Una vez que se relajen y comprendan, será menos probable que se pongan rígidos. Tendrá que atraerlos a esta acción, ya que no estarán acostumbrados a ello.

- Un perro pequeño o mediano puede tumbarse sobre el pecho en posición de cuchara o de abrazo con la cabeza junto a la suya.

- Una vez que el perro se acostumbre a ponerse encima de su pecho, practique la orden de bajada y acostumbre al perro a ayudarle con una presión profunda.

- No se frustre con el perro. Es tan nuevo en esto como usted. Si se siente frustrado, deténgase y tome un descanso. La clave es hacer que esto sea divertido y no estresante en absoluto.

- Si tiene que hacer una pausa, vuelva a empezar más tarde. A veces, el perro se siente abrumado y necesita tiempo para recuperarse. Este adiestramiento puede llevar algún tiempo para que se adapte a él.

- Un perro grande puede aplicar una presión profunda colocando sus patas en cualquiera de las caderas y tumbándose sobre su regazo o sobre la zona del pecho.

- Cada vez que su perro lo haga bien, amplíe el tiempo que permanece tumbado antes de dar la orden de bajar. Utilice golosinas y refuerce la alegría de la tarea. Con el tiempo, podrá eliminar las golosinas y sustituirlas por elogios por un trabajo bien hecho.

Si se trata de un perro grande, hay que enseñarle a empujar su cabeza hacia tu torso. Una vez que se haya acostumbrado al proceso, se abrazará a ti de forma natural acercando su cabeza a tu torso. Elógialo por ello y dale una golosina.

Si el perro se levanta sobre sus patas traseras, dale tiempo para que descanse las patas antes de seguir practicando. Si esta vez tiene un ataque de pánico completo, es posible que no se le permita descansar, pero no pasa nada; el perro se acostumbrará a esto con el tiempo.

Esta técnica puede funcionar con muchas condiciones psiquiátricas diferentes. Los pacientes autistas, deprimidos, ansiosos, con TEPT y otros pueden beneficiarse de esta técnica.

Este libro le ha dado varias maneras de entrenar a un perro para diferentes servicios que ayudarán a una persona discapacitada con necesidades psiquiátricas. Los perros pueden ser una excelente adición a su plan de mantenimiento médico, y pueden ayudar a devolverle la vida a una persona. Cuando a alguien se le diagnostican problemas de salud mental, puede ser incluso más devastador que padecer la enfermedad. Imagine que pasa de trabajar a tiempo completo a estar confinado en su casa debido al miedo y a los ataques de pánico. O qué pasaría si estuvieras avanzando en la vida y entonces ocurriera algo traumático, y ahora sufrieras un TEPT.

¿Cómo te darías cuenta de que tal vez nunca vuelvas a trabajar o a experimentar el mundo como estás acostumbrado? Esto puede ser un golpe excesivamente grande para el ego de alguien y su vida social. Pero con un perro de servicio psiquiátrico, puedes empezar a recuperar el control que has perdido por esta enfermedad. Muchas personas padecen algún tipo de salud mental y aún más sufren trastornos autoinmunes, así como problemas médicos como la diabetes. Con el adiestramiento especializado que se puede proporcionar a un perro para que preste un servicio terapéutico a los discapacitados, ahora no hay límite para lo que pueden hacer las personas con enfermedades. Puede que ya no puedan trabajar, pero al menos pueden intentar experimentar un mundo sin preocupaciones.

## Señal del trastorno de estrés postraumático con golosinas

- Codifique la nariz del perro y recompénselo por el codazo.

- Ordene al perro que dé un codazo y luego añada una recompensa por las acciones del perro.

- Repita este proceso hasta que el perro haya notado el codazo.

- Cambie de posición para entrenar al perro a realizar la alerta en varios lugares y en posiciones sentadas o de pie. Premie al perro por cada respuesta positiva.

- Decida qué señal de ansiedad va a utilizar para ayudar a identificar el trastorno de estrés postraumático. Puede ser rascarse la cara o estar inquieto, así como frotarse los brazos.

- Proporcione la señal del trastorno de estrés postraumático y actúe como si el síntoma del trastorno de estrés postraumático fuera real. A continuación, ordene al perro que le dé un codazo y recompense por una respuesta positiva.

- Practique esto una y otra vez de la misma manera que lo haría con el proceso de recuperación. Empiece por reconocer cuando su perro identifique la señal del Trastorno de Estrés Postraumático sin la orden. Premie la identificación en lugar de la orden. Ignore las falsas alertas y desactívelas. Repita este proceso varias veces al día durante varias semanas.

- A medida que el tiempo avanza y el perro aprende el desencadenante, elimine la orden por completo. Manifieste un episodio de trastorno de estrés postraumático y omita la señal de mando. Premie a su perro cuando responda adecuadamente.

- Practique en diversos lugares y posiciones, y siga trabajando con su perro hasta que se identifique con regularidad.

# CONCLUSIÓN

Gracias por haber llegado hasta el final de Cómo entrenar a tu propio perro de servicio psiquiátrico. Espero que haya sido informativo y le haya proporcionado todas las herramientas necesarias para alcanzar sus objetivos, sean cuales sean. Los perros de servicio psiquiátrico han existido desde hace tiempo. Y en los últimos 10 años más o menos, los pacientes psiquiátricos han estado entrenando a sus perros para que también presten sus servicios. Antes había que ser ciego o sordo para tener un perro de servicio psiquiátrico, pero esos días han pasado. Espero que este libro le haya proporcionado la información necesaria para ayudarle a entrenar a su perro y mejorar su vida.

El siguiente paso es empezar a averiguar qué hará exactamente tu perro de servicio psiquiátrico por ti y empezar a buscar la raza de perro de servicio psiquiátrico perfecta para tus necesidades. Muchas personas no son conscientes de las regulaciones que están asociadas con los perros de servicio psiquiátrico. Por ello, he abordado esa información en este libro. Sé que para estar bien preparado, tienes que saber a qué te enfrentas.

Poca gente sabe que puede entrenar a su propio perro de servicio psiquiátrico, y mucha gente está siendo estafada. Este libro espero que ponga fin a esto. Espero que hayas aprendido cómo averiguar qué raza de perro de servicio psiquiátrico te gustaría y también cómo entrenar al perro de servicio psiquiátrico en casa para tus necesidades específicas.

Por último, si este libro te ha resultado útil de algún modo, ¡siempre se agradece una reseña!

www.ingramcontent.com/pod-product-compliance
Lightning Source LLC
Chambersburg PA
CBHW080457240426
43673CB00005B/221